手紙・メールの
韓国語

山崎 玲美奈
河 承賢(ハ スンヒョン)

SANSHUSHA

はじめに

　本書は、「韓国語を勉強したから、韓国人の友達に韓国語でメールを送ってびっくりさせたい」「LINEやカカオトークで、韓国語を使ってやりとりするときは、どんなふうに書くの？」「韓国に問い合わせたいことがあるけど、電話だと値段も高くなってしまうし、通じるか自信がないのでメールで問い合わせたい。けれど、どう書いたらいいのか分からない」「합니다（ハムニダ）体と해요（ヘヨ）体は、いつどちらを使ったらいいの？」など、韓国語のメールや手紙に関するお悩みに応えるための1冊です。

　2章では、ショートメッセージやLINE、カカオトーク、メッセンジャーなどで使われるやりとりの例を紹介しています。親しい間柄で使われる表現と、その入れ替えのバリエーションが載っていますので、自分に使えそうな部分を抜き出して使ってみてください。

　3章ではプライベートのメール、4章ではオフィシャルメールを2章と同様にバリエーションを含めて紹介しています。どのような場合に、どのような文体や言葉遣いで表現したらいいのかも参考にしてください。そして、ポイントの部分では、日本人が間違いやすい韓国語の文法についての説明、よく使う流行語、韓国文化などを紹介する内容があり、学習の助けになってくれることでしょう。

　5章では、グリーティングカードなどで使えるさまざまなパターンの例文を紹介しています。自分の送りたいカードにそのまま書き写しても使える例文が多くあるので、ぜひ想いを伝えるカードを送ってみましょう。手紙やカードを郵送で送る方法については1章で解説してあります。

　紹介した99パターンの手紙やメール、ショートメッセージなどの例文は、書く場合だけでなく話す際にも使うことができますので、カジュアルなやりとりからフォーマルなやりとりまでさまざまな場面を想定して、声に出して読んでみるのも良いでしょう。本書で紹介した表現は、主として韓国で実際に使われているものばかりですので、作文の練習のみならず、会話の参考にもしてみてください。

　「韓国語でメールや手紙のやりとりができたらいいな」と少しでも思ったら、気負わずに、まず始めてみましょう。本書が少しでも、その思いをかなえるための支えになれることを願ってやみません。

　　　　　　　　　　　　　　　　　　　　　　　　　　　　　山崎 玲美奈
　　　　　　　　　　　　　　　　　　　　　　　　　　　　　河 承賢

ページの構成

テーマ

場面の説明

テキスト例

テキストからの主要な文

ポイント
韓国語独特の表現や、文法上の留意点について解説します。
また、韓国の文化や習慣も紹介しています。

❶～❹の言い換え表現
本文中の❶～❹の言い換え表現を2文ずつ紹介します。

翻訳
自然な日本語になるよう、意訳している部分があります。

第1章　手紙・メールの書き方 ……………………………………… 9
コラム1　フォントによる文字の違い …………………………………… 22

第2章　ショートメッセージ ……………………………………… 23
✉01　「ごめん、遅れる！」待ち合わせに遅れることを伝える ……… 24
✉02　「先に行ってて」遅れるので先に行っててと送る ……………… 26
✉03　「列に並んでるね」行列が進まないと伝える …………………… 28
✉04　「やっと着いた！」到着を知らせる ……………………………… 30
✉05　「駅の改札にいるよ」早く着いたことを伝える ………………… 32
✉06　「行けなくなっちゃった」急に行けなくなったことを謝る …… 34
✉07　「大丈夫だよ」約束のキャンセルを承諾する …………………… 36
✉08　「今、話せる？」電話をかけていいか聞く ……………………… 38
✉09　「後で電話する」用事を済ませた後、電話すると伝える ……… 40
✉10　「スカイプで話そう」久々に顔を見ながら話したいと提案する … 42
✉11　「何しようか？」何をして遊ぶか相談する ……………………… 44
✉12　「何か食べに行こうよ」食事に誘う ……………………………… 46
✉13　「一緒に行かない？」美術館に行かないかと誘う ……………… 48
✉14　「遊びに来て」自宅に遊びに来るよう誘う ……………………… 50
✉15　「良いお店、発見！」お薦めのお店の情報を知らせる ………… 52
✉16　「急ぎでお願いが…」韓国語のチェックをお願いする ………… 54
✉17　「おかげで楽しかった」帰宅後、お礼を伝える ………………… 56
✉18　「うまくいってる？」久々に近況を交換する …………………… 58
✉19　「忙しいの？」返信がないので心配だと伝える ………………… 60
✉20　「手伝おうか？」引っ越しの手伝いを提案する ………………… 62
✉21　「まだ秘密だよ」サプライズパーティーの相談をする ………… 64
✉22　「すごい！」合格のお祝いメッセージを送る …………………… 66
✉23　「もう連絡してこないで」よりを戻したいと提案する ………… 68
✉24　「風邪ひいちゃった」体調を気遣う ……………………………… 70
✉25　「添付ファイルが開かないよ」再送を依頼する ………………… 72
✉26　「めっちゃかっこいい！」好きな人の噂をする ………………… 74

- ✉27 「楽しい週末を〜」週末何をするのか話をする……76
- コラム2　ハングルの入力方法……78
- コラム3　よく使われる顔文字……80

第3章　プライベートのメール……81

- ✉28 「お久しぶりです」相手の近況を尋ねる……82
- ✉29 「メールありがとうございます」近況報告……84
- ✉30 「返事がないので心配しています」メールの返信がなく心配する……86
- ✉31 「返事が遅くなってごめんね」お詫びする……88
- ✉32 「みんなで盛り上がりましょう」招待する……90
- ✉33 「招待してくれてありがとう」招待を受ける……92
- ✉34 「残念ですが参加できません」招待を断る……94
- ✉35 「とても楽しかったよ」招待のお礼を伝える……96
- ✉36 「プレゼントありがとう」贈り物のお礼を伝える……98
- ✉37 「韓国に行く予定です」旅行の予定を知らせる……100
- ✉38 「楽しみにしているね」訪問を喜ぶ……102
- ✉39 「行けなくなってしまいました」予定の延期・中止……104
- ✉40 「お世話になりました」お世話になったお礼を伝える……106
- ✉41 「お願いがあるんだけど」頼み事をする①……108
- ✉42 「相談したいことがあります」悩みの相談……110
- ✉43 「…してみるのはどう？」アドバイスする……112
- ✉44 「…してもらえないでしょうか？」頼み事をする②……114
- ✉45 「分かりました」頼みを引き受ける……116
- ✉46 「残念ながら…」頼みを断る……118
- ✉47 「結婚します」結婚の報告……120
- ✉48 「結婚おめでとう」友人の結婚を祝う……122
- ✉49 「子供が生まれました」出産報告……124
- ✉50 「出産おめでとう！」子供の誕生を祝う……126
- ✉51 「お大事に」病気の友人を気遣う……128
- ✉52 「亡くなりました」身内の不幸を伝える……130

- ✉ 53 「お悔やみ申し上げます」お悔やみを伝える･････････････････････････ 132
- ✉ 54 「心配しています」安否確認･･ 134
- ✉ 55 「心配してくれてありがとう」状況を伝える･････････････････････････ 136
- ✉ 56 「どうして来なかったの？」怒りを伝える･･･････････････････････････ 138
- ✉ 57 「本当にごめん」怒らせた相手への謝罪 ･･･････････････････････････ 140
- ✉ 58 「愛してる」ラブレター①･･ 142
- ✉ 59 「全部、覚えています」ラブレター② ･･････････････････････････････ 144
- ✉ 60 「もう別れよう」別れのメール ････････････････････････････････････ 146
- ✉ 61 「アドレス変更のお知らせです」アドレスの変更を知らせる･････････ 148
- ✉ 62 「引っ越しました」転居を知らせる ････････････････････････････････ 150
- ✉ 63 「そちらの天気はどう？」様子を尋ねる ････････････････････････････ 152
- ✉ 64 「お薦めです！」相手に薦める ････････････････････････････････････ 154
- ✉ 65 「感動しました」感想を伝える ････････････････････････････････････ 156
- ✉ 66 「ファンになりました」ファンレター ････････････････････････････････ 158

コラム4　名前をいう時のルール･･ 160

第4章　オフィシャルメール ･･ 161

- ✉ 67 「韓国語の先生を探しています」ネットで先生を探す･････････････････ 162
- ✉ 68 「短期留学のコースについて教えてください」語学学校への問い合わせ････ 164
- ✉ 69 「宿泊先を検討しています」宿泊先の情報の提供依頼･･････････････････ 166
- ✉ 70 「ホームステイでお世話になります」簡単な自己紹介････････････････ 168
- ✉ 71 「ファンミーティングに参加したいです」イベントへの問い合わせ ･････ 170
- ✉ 72 「お返事いただけましたら助かります」返信を催促する･･････････････ 172
- ✉ 73 「どの駅が最寄りでしょうか？」問い合わせ･･････････････････････ 174
- ✉ 74 「日本語のできるスタッフの方はいますか？」行事で使用される言語について質問する･･ 176
- ✉ 75 「ポジャギの体験レッスンに参加したいのですが」体験レッスンに申し込む･･ 178
- ✉ 76 「どの程度の韓国語の実力が必要なのか知りたいです」留学に必要な語学レベルの問い合わせ･･ 180
- ✉ 77 「入学の許可証が届いていません」必要書類の催促 ･･･････････････ 182
- ✉ 78 「日本人職員募集の広告を見て、ご連絡差し上げました」人材募集への応募 ･･ 184
- ✉ 79 「どうしたらいいのか分かりません」忘れ物の問い合わせ ･･････････ 186

✉ 80 「留学に必要な書類をお送りいたします」必要書類を送る……………… 188
✉ 81 「ホテルの予約をお願いします」宿泊先について問い合わせる………… 190
✉ 82 「キャンセルをお願いしたいのです」キャンセルする……………………… 192
✉ 83 「予約を確認したく連絡差し上げました」予約確認…………………… 194
✉ 84 「海外配送は可能でしょうか？」海外への商品配送の問い合わせ……… 196
✉ 85 「サイズが間違って届きました」交換か返品のお願い…………………… 198
✉ 86 「商品を交換したいです」交換あるいは払い戻しの依頼………………… 200
✉ 87 「相談したいことがあります」クラス変更の相談………………………… 202
✉ 88 「いろいろとありがとうございました」お世話になった相手へ感謝のメール… 204
✉ 89 「日本からでも購入することはできますか？」海外からのチケット購入…… 206
✉ 90 「訪問いたしたく存じます」アポイントメール…………………………… 208
✉ 91 「何かありましたらご連絡ください」アポイントメールへの返信……… 210

　　コラム5　韓国人の手書き文字………………………………………………… 212

第5章　カード……………………………………………………………… 215

✉ 92 「メリークリスマス・あけましておめでとう」クリスマスと新年を祝う…… 216
✉ 93 「結婚しました」結婚式の招待状………………………………………… 218
✉ 94 「夏休みを済州島で過ごしています」旅先からのポストカード………… 220
✉ 95 「暑中お見舞い申し上げます」季節のあいさつ…………………………… 222
✉ 96 「おめでとうございます」各種お祝いのメッセージ……………………… 224
✉ 97 「誕生日おめでとう！」誕生日祝い………………………………………… 226
✉ 98 「100日だね」記念日を祝う………………………………………………… 228
✉ 99 「チョコレートを受け取ってください」バレンタインのメッセージ…… 230

　　場面別表現索引……………………………………………………………… 232

第1章

手紙・メールの書き方

1 ▶メールの基本構成

　韓国語でのメールの書き方は、形式的には日本のものと基本的に大きく変わりません。①宛先、②件名を入力し、本文には、③相手の名前（敬称）、④あいさつ、⑤本文、⑥別れのあいさつ、⑦自分の名前を書きます。パソコンへ送るメールではこのように書きますが、携帯メールやLINE、カカオトーク、メッセンジャーなどの場合は、日本での場合と同様に本文だけを書きます。

▶▶宛先

　宛先のメールアドレスは、半角英数で入力します。ちなみに、メールアドレスのことを메일 주소（直訳：メール住所）、あるいは이메일 주소（直訳：eメール住所）といいます。メールアドレスに使われる@(アットマーク)は골뱅이、ピリオドは닷あるいは점と読みます。

▶▶件名

　件名は、短く簡潔に、一目で何の用件か分かるようなものがいいですね。

▶▶プライベートのメールの例（✉37）

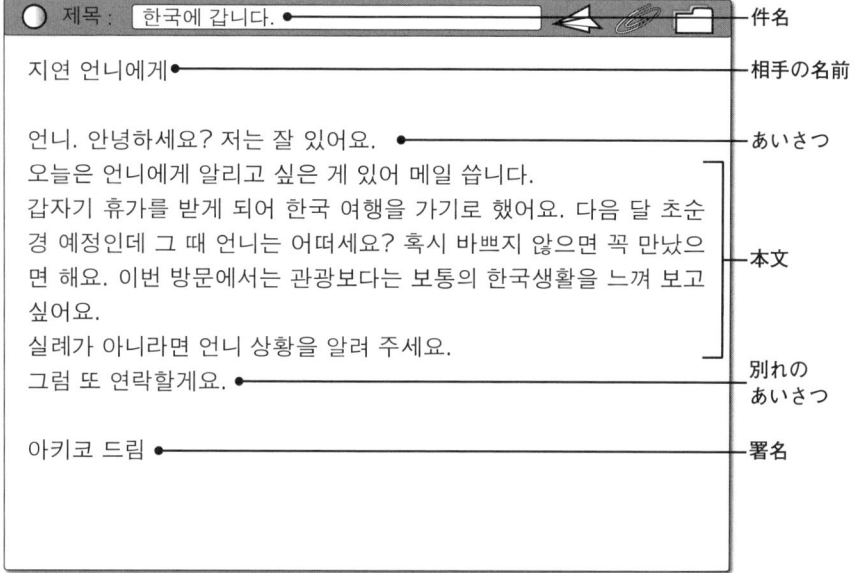

1 手紙・メールの書き方

▶▶敬称

敬称は、次のようなものがあります。

韓国語	日本語訳	解説
귀하	貴下	主に手紙の封筒に書く宛名に使われる。団体宛の場合は귀중。
님	様、さん	相手への敬意をこめて使う敬称。
선생님	先生	先生など目上の人に対して使う。
께	へ	へ。에게の尊敬形。○○○ 선생님께（○○○先生へ）などの形で使う。
씨	さん	日本語の「〜さん」とほぼ同じ。ただし、韓国人名の場合には名字に씨を付けて呼ぶのは失礼にあたる。外国人の名前には、名字に直接씨を付けることもある。
에게	へ	日本語の「〜へ」とほぼ同じ。省略されることも多い。
오빠, 형	お兄さん、お兄ちゃん	오빠は年下の女性から年上の男性に対して、형は年下の男性から年上の男性に対して使う。血縁関係がなくても親しい間柄で使われる。
언니, 누나	お姉さん、お姉ちゃん	언니は年下の女性から年上の女性に対して、누나は年下の男性から年上の女性に対して使う。血縁関係がなくても親しい間柄で使われる。
아	呼び掛け	相手の名前の最後にパッチムがある場合には、下の名前の後ろに아を付けて呼び掛ける。メールの中でも同様。
야	呼び掛け	相手の名前の最後にパッチムがない場合には、下の名前の後ろに야を付けて呼び掛ける。メールの中でも同様。

▶▶オフィシャルメールの例（✉68）

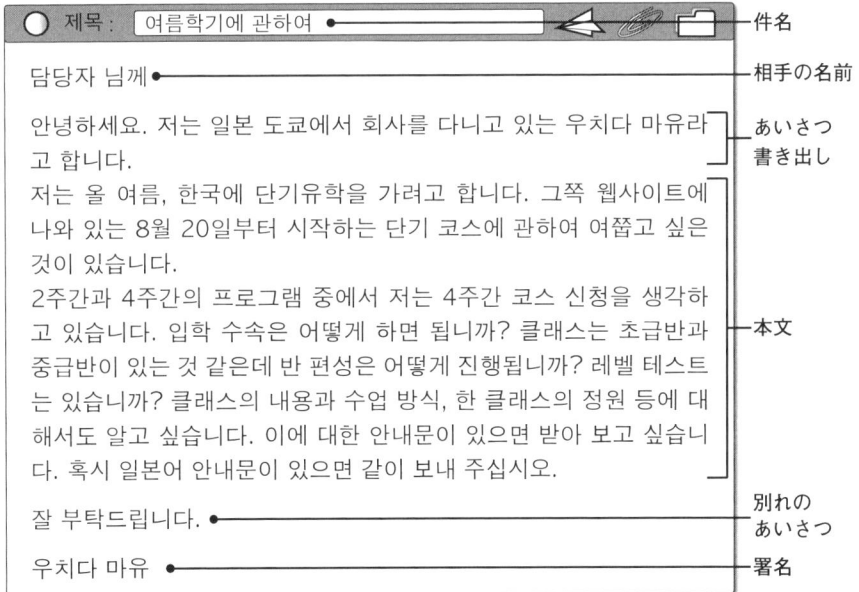

▶▶あいさつ

　日本では手紙の初めに「拝啓」などの頭語や、時候のあいさつから書き始めることがありますが、韓国語ではそのような決まり事は基本的にはありません。もちろん、「季節のあいさつ→相手の近況を尋ねる→自分の近況→用件→終わりのあいさつ」のような流れで構成されるという点は日本とさほど変わらないのですが、これは手紙やメールを送る相手との関係や距離感によって、丁寧に書いたり、省略したりと変わってきます。

　さらに、日本語ではよく使う「お世話になっております」という表現も、韓国語ではあまり使われません。その部分には、안녕하세요?を使うといいでしょう。

▶▶本文

　本文の構成は、メールによってさまざまです。2章〜5章を参考にしてください。なお、本文で使う言葉遣いについては、18ページにまとめてあります。

▶▶別れのあいさつ

　日本語では「敬具」などの結語を使うことがありますが、韓国語では基本的には使われません。それとは逆に、日本語では使いませんが、韓国語のメールでは最後に감사합니다.(ありがとうございます)を使うことも多いです。ほかに、手紙やメールの最後に使われるあいさつには、次のようなものがあります。

それでは、さようなら。	그럼, 안녕히 계세요.
お元気で。	건강하세요.
ありがとうございました。	감사합니다.
またご連絡差し上げます。	다시 연락드리겠습니다.
良い1日をお過ごしください。	좋은 하루 되세요.
ご連絡(ご返信)いただければ、ありがたいです。	연락(답장) 주시면 감사하겠습니다.
ご返信、よろしくお願い申し上げます。	답장 부탁드리겠습니다.
それでは、これにて。	그럼, 이만 줄이겠습니다.
それじゃ、このへんで。	그럼, 이만.

メールに関連する表現

宛先	받는사람
件名	제목
本文	본문
Cc	참조
Bcc	숨은참조
添付ファイル	파일첨부
アドレス帳	주소록
送信	보내기
迷惑メール	스팸메일
ゴミ箱	휴지통

2 ▶ 日本語の仮名のハングル表記

あ	い	う	え	お		아	이	우	에	오
か	き	く	け	こ	語頭	가	기	구	게	고
					語中・語末	카	키	쿠	케	코
さ	し	す	せ	そ		사	시	스	세	소
た	ち	つ	て	と	語頭	다	지	쓰	데	도
					語中・語末	타	치	쓰	테	토
な	に	ぬ	ね	の		나	니	누	네	노
は	ひ	ふ	へ	ほ		하	히	후	헤	호
ま	み	む	め	も		마	미	무	메	모
や		ゆ		よ		야		유		요
ら	り	る	れ	ろ		라	리	루	레	로
わ				を		와				오
ん		っ				ㄴ		ㅅ		
が	ぎ	ぐ	げ	ご		가	기	구	게	고
ざ	じ	ず	ぜ	ぞ		자	지	즈	제	조
だ	ぢ	づ	で	ど		다	지	즈	데	도
ば	び	ぶ	べ	ぼ		바	비	부	베	보
ぱ	ぴ	ぷ	ぺ	ぽ		파	피	푸	페	포
きゃ	きゅ	きょ	語頭	갸	규	교
			語中・語末	캬	큐	쿄
しゃ	しゅ	しょ		샤	슈	쇼
ちゃ	ちゅ	ちょ	語頭	자	주	조
			語中・語末	차	추	초
にゃ	にゅ	にょ		냐	뉴	뇨
ひゃ	ひゅ	ひょ		햐	휴	효
みゃ	みゅ	みょ		먀	뮤	묘
りゃ	りゅ	りょ		랴	류	료
ぎゃ	ぎゅ	ぎょ		갸	규	교
じゃ	じゅ	じょ		자	주	조
びゃ	びゅ	びょ		뱌	뷰	뵤
ぴゃ	ぴゅ	ぴょ		퍄	퓨	표

▶▶自分の名前

　日本人名や日本の地名などをハングルで書く場合は、表を参考にしてください。韓国語では、語頭と語中で一部表記が分かれるものがあるので、その点には注意が必要です。

▶▶注意点

1．か行、た行、きゃ行、ちゃ行は、語中・語末では激音で表記する。
　　角川　　가도카와
2．う段は、母音字ㅜで表記するが、「す」「つ」「ず」「づ」の場合はーを使う。
　　鈴木　　스즈키
3．京都の「きょう」、東京の「とう」のような長母音は表記しない。
　　京都　　교토
4．「ん」はㄴで表す。
　　銀座　　긴자
5．「っ」（小さい「つ」）はㅅで表す。
　　北海道　　홋카이도

仙台（せんだい）	→	센다이
鳥取（とっとり）	→	돗토리
新潟（にいがた）	→	니가타

鈴木（すずき）	→	스즈키
斉藤（さいとう）	→	사이토
小沢（おざわ）	→	오자와

大輔（だいすけ）	→	다이스케
信次（しんじ）	→	신지
健（けん）	→	겐

真希子（まきこ）	→	미키코
静香（しずか）	→	시즈카
夏樹（なつき）	→	나쓰키

3 ▶ 封筒の書き方

韓国に手紙を送る際の、一般的な宛名の書き方を紹介します。

・差出人
・受取人の住所
・氏名
・郵便番号、国名

（日本語訳）
ソウル特別市中区平和路274セファビル1302号室
イム・チヨン様

宛先を書く際の「様」にあたる部分には、귀하を使います。

差出人の住所氏名は、受け取る人に分かるのであれば、漢字で書いても英語で書いても構いません。

日本語の場合　〒160-0022東京都新宿区神宮前2-2-22青山マンション102
　　　　　　　Japan
英語の場合　　Aoyama Mansyon102, 2-2-22, Jingumae, Shinjuku-ku, Tokyo,
　　　　　　　160-0022, Japan

日本から発送する場合でも、送り先はハングルで書いて構いません。VIA AIR MAIL（航空便）、KOREAと大きく見やすいように書いておけば、日本国内の郵便局でも韓国へ送るエアメールだと分かるので問題ありません。

韓国の住所

韓国では住所が、2014年1月1日から従来の地番に基づいた住所から、道路名と建物番号を基準とする新しい住所表記である「道路名住所表記」に変更されました。それまで使われていた住所は、

　　○○시○○구○○동○○（○○市○○区○○洞 地番）

と表記しましたが、新しい住所表記である「道路名住所表記」では、

　　○○시○○구○○로○○길○○（○○市○○区○○路○○通り○○）

と表記し、○○길（○○通り）の後には、建物番号・棟・階・号の順番で、建物番号や部屋番号などが続きます。

　　서울시 용산구 세계로51길 10, 금성아파트 101동 1302호
　　ソウル市龍山区世界路51通り10、クムソンマンション101棟1302号

現段階では、古い住所表記でも手紙や荷物は届くようですが、区役所への届け出など公的機関へ提出する書類などに書く住所は、新しい住所表記を用いなければなりません。道路名と建物番号を基準とした新住所は、行政安全部の「道路名住所案内システム」ホームページ(www.juso.go.kr)で確認できます。検索欄に従来の地番住所を入力し「検索」（검색）を押せば、新しい住所（도로명주소）が表示されます。

韓国の郵便番号

韓国の郵便番号は5けたです。以前は6けたの郵便番号を使用していましたが、2015年の8月から5けたに変更されました。従来の地番住所で送る場合は6けた、新しい道路名住所で送る場合は5けたの郵便番号を使います。日本で使われる「〒」のマークは使いません。郵便番号を書き込む枠がない場合には、そのまま番号を書くか、括弧に入れて郵便番号を書きます。

4 ▶言葉遣いの選び方と、いろいろな文体の作り方

　韓国語で話したり文章を書いたりする際に、相手に対してどういった言葉遣いを選んで使ったらいいのかは、とても難しい問題です。韓国語の「〜です、ます」という表現には、합니다や습니다、입니다などで終わる形の「합니다(ハムニダ)体」と、해요、아요/어요、예요/이예요などで終わる形の「해요(ヘヨ)体」の2種類があります。このどちらも丁寧な表現ですが、「합니다(ハムニダ)体」はかしこまった場面やアナウンス、案内文などで多く使われ、一方「해요(ヘヨ)体」はやわらかい印象を与え、会話などでよく使われます。

　いつどちらの文体を使ったらいいのか迷ってしまうこともあるかもしれませんが、基本的には相手との距離感や関係性によって決まります。そして、会話では「해요(ヘヨ)体」で話していても、メールの際には「합니다(ハムニダ)体」を使うというようなケースもあります。基本的には、ビジネスやあまり親しくない相手にメールを書く場合や、告知やお知らせのような不特定多数の相手に書く場合は「합니다(ハムニダ)体」を使うと考えておけば良いでしょう。

　そして、友人同士など、親しい間柄で使われるくだけた言葉遣いのことを「해(ヘ)体」、あるいは「반말(パンマル)」といいます。日本語のいわゆる「タメ口」にあたるので、適切でない場面で使ってしまうと大変失礼になってしまうため、使う際には注意が必要です。日本語でもくだけた口調で話す際には、親しみを込めたニュアンスを表す場合と、ぞんざいな態度を表す場合がありますが、韓国語では、前者の親しみを込めたニュアンスの場合には「해요(ヘヨ)体」を使う場合があります。そのため、本文では日本語訳はくだけた表現であっても、韓国語は「해요(ヘヨ)体」になっているものがあります。

　これらの文体は、それぞれ作り方が異なりますので、ここで解説してみましょう。

「합니다(ハムニダ)体」の作り方

1. 用言の基本形から、最後の「다」を取る。(この残った形を「語幹」といいます)
2. 「語幹」(1の形)の最後が

　　　1 **子音**で終わる　→　＋ -습니다
　　　2 **母音**で終わる　→　＋ -ㅂ니다
　　　3 ㄹで終わる　　　→　＋ -ㅂ니다 (※語幹の最後の「ㄹ」を取る)

|1| 먹다（食べる）먹 + 습니다 → 먹습니다（食べます）
|2| 가다（行く）　 가 + ㅂ니다 → 갑니다（行きます）
|3| 살다（住む）　 사 + ㅂ니다 → 삽니다（住みます）

「해요（ヘヨ）体」の作り方

1．用言の基本形から、最後の「다」を取る。（この残った形を「語幹」といいます）
2．「語幹」（1の形）の最後が |1| **子音**で終わる（=最後にパッチムがある）場合で
　→① 「語幹」の最後の母音が「ㅏ,ㅗ,ㅑ」（陽母音）
　　　　→ 語幹の後ろに「아요」を付ける
　→② 「語幹」の最後の母音が「ㅏ,ㅗ,ㅑ」**以外**（陰母音）
　　　　→ 語幹の後ろに「어요」を付ける

　「語幹」（1の形）の最後が |2| **母音**で終わる（=最後にパッチムがない）場合で
　→③ 「語幹」の最後の母音が「ㅏ,ㅓ,ㅕ,ㅐ,ㅔ」
　　　　→ 語幹と同じ形に「요」を付ける
　→④ 「語幹」の最後の母音が「ㅗ,ㅜ,ㅣ,ㅚ」
　　　　→ それぞれの母音を「ㅘ,ㅝ,ㅕ,ㅙ」にしてから「요」を付ける
　→⑤ 「語幹」の最後の母音が「ㅟ,ㅢ」
　　　　→ 語幹に「**어요**」を付ける
　→⑥ 「하다」が付く用言
　　　　→ 「하다」の部分を「**해요**」にする

|1|
　①받다（受け取る）　받 + 아요　→ 받아요　（受け取ります）
　②먹다（食べる）　　먹 + 어요　→ 먹어요　（食べます）
|2|
　③가다（行く）　　　가 + 요　　→ 가요　　（行きます）
　　건너다（渡る）　　건너 + 요　→ 건너요　（渡ります）
　　켜다（つける）　　켜 + 요　　→ 켜요　　（点けます）
　　보내다（送る）　　보내 + 요　→ 보내요　（送ります）
　　세다（数える）　　세 + 요　　→ 세요　　（数えます）
　④오다（来る）　　　와 + 요　　→ 와요　　（来ます）
　　바꾸다（変える）　바꿔 + 요　→ 바꿔요　（変えます）

기다리다（待つ）	기다려 + 요	→ 기다려요	（待ちます）
되다（なる）	돼 + 요	→ 돼요	（なります）
⑤뛰다（走る）	뛰어 + 요	→ 뛰어요	（走ります）
띄다（(目に)つく）	띄어 + 요	→ 띄어요	（(目に)つきます）
⑥시작하다（始める）		→ 시작해요	（始めます）

「해（ヘ）体（パンマル）」の作り方

1. 用言の基本形から、最後の「다」を取る。（この残った形を「語幹」といいます）
2. 「語幹」（1の形）の最後が ①**子音**で終わる（＝最後にパッチムがある）場合で
   → ①「語幹」の最後の母音が「ㅏ,ㅗ,ㅑ」（陽母音）
       → 語幹の後ろに「아」を付ける
   → ②「語幹」の最後の母音が「ㅏ,ㅗ,ㅑ」**以外**（陰母音）
       → 語幹の後ろに「어」を付ける

   「語幹」（1の形）の最後が ②**母音**で終わる（＝最後にパッチムがない）場合で
   → ③「語幹」の最後の母音が「ㅏ,ㅓ,ㅕ,ㅐ,ㅔ」
       → 語幹と同じ形
   → ④「語幹」の最後の母音が「ㅗ,ㅜ,ㅣ,ㅚ」
       → その母音を「ㅘ,ㅝ,ㅕ,ㅙ」にする
   → ⑤「語幹」の最後の母音が「ㅟ,ㅢ」
       → 語幹に「**어**」を付ける
   → ⑥「하다」がつく用言
       → 「하다」の部分を「**해**」にする

①받다（受け取る）	받 + 아	→ 받아	（受け取って）
②먹다（食べる）	먹 + 어	→ 먹어	（食べて）
③가다（行く）	가	→ 가	（行って）
건너다（渡る）	건너	→ 건너	（渡って）
켜다（点ける）	켜	→ 켜	（点けて）
보내다（送る）	보내	→ 보내	（送って）
세다（数える）	세	→ 세	（数えて）
④오다（来る）	와	→ 와	（来て）
바꾸다（変える）	바꿔	→ 바꿔	（変えて）

기다리다（待つ）	기다려	→	기다려	（待って）
되다（なる）	돼	→	돼	（なって）
⑤뛰다（走る）	뛰어	→	뛰어	（走って）
띄다（(目に) つく）	띄어	→	띄어	（(目に) ついて）
⑥시작하다（始める）		→	시작해	（始めて）

指定詞の이다（〜である）、아니다（〜でない）の場合

　日本語の「〜である」と「〜ではない」にあたる韓国語は、「이다（〜である）」と「아니다（〜でない）」です。この2つは、先に解説した「합니다（ハムニダ）体」と、「해요（ヘヨ）体」、「해（ヘ）体」ではそれぞれ次のようになります。この指定詞は、ほかの動詞や形容詞などとは活用の仕方が異なるので、注意が必要です。

「합니다（ハムニダ）体」
　　　이다　→ 입니다　　여기가 우리 집**입니다**. （ここが僕の家です）
　　　아니다 → 아닙니다　저, 그런 사람 **아닙니다**.
　　　　　　　　　　　　（私、そんな人ではありません）

「해요（ヘヨ）体」
　　　이다　→ 前の単語の最後にパッチム有＋**이에요**
　　　　　　　여기가 우리 집**이에요**. （ここが僕の家です）
　　　　　　　前の単語の最後にパッチム無＋**예요**
　　　　　　　이 사람이 제 친구**예요**. （この人が私の友達です）
　　　아니다 → 아니에요
　　　　　　　저, 그런 사람 **아니에요**. （私、そんな人ではありません）

「해（ヘ）体」
　　　이다　→ 前の単語の最後にパッチム有＋**이야**
　　　　　　　여기가 우리 집**이야**. （ここが僕の家だよ）
　　　　　　　前の単語の最後にパッチム無＋**야**
　　　　　　　이 사람이 내 친구**야**. （この人が僕の友達だ）
　　　아니다 → 아니야になる
　　　　　　　나 그런 사람 **아니야**. （俺、そんな人じゃないよ）

コラム１

フォントによる文字の違い

ハングルは、フォントによって文字の形が違って見えることがあります。

　横に並んでいる３つは、それぞれ同じ文字です。子音のㅈは、手書きの場合にはカタカナの「ス」と同じ書き方をします。これはㅊの場合も同様です。ㅅは、漢字の「人」と同じ書き方をします。ㅇとㅎの丸の部分は、フォントによっては上にへたのような飛び出している部分がありますが、この部分は書かず単に丸を書きます。
　ハングルに慣れないうちは、多少違和感があるかもしれませんが徐々に慣れていくことでしょう。

第2章
ショートメッセージ

01 「ごめん、遅れる！」
待ち合わせに遅れることを伝える

待ち合わせに遅れそうだと、メッセージを送ります。

미안, 늦을 것 같아.❶
전철을 놓쳐 버렸어.❷
조금만 더 기다려 줘!!

ごめん、遅れそう。❶
電車に乗り損ねちゃった。❷
もう少し待ってて！！

괜찮아.
얼마나 더 걸릴 것 같아?

大丈夫だよ。
後どれくらいで着きそう?

15분 정도 걸릴 것 같아.❸
먼저 가게에 들어가서 기다릴래?❹
정말 미안ㅠ.ㅠ

15分くらいかかると思う。❸
先にお店に入って待っててくれる?❹
本当にごめんねT_T

variations » バリエーション

❶「遅れそう」
늦을 것 같아.

지각할 것 같아.
遅刻しそう。

시간을 못 맞출 것 같아.
間に合わなさそう。

❷「電車に乗り損ねちゃった」
전철을 놓쳐 버렸어.

늦잠 자 버렸어.
寝坊しちゃった。

기차 시간에 늦어 버렸어.
列車に乗り遅れちゃった。

❸「15分くらいかかると思う」
15분 정도 걸릴 것 같아.

20분 정도는 걸릴 것 같아.
20分くらいはかかりそう。

10분 정도 늦을 것 같아.
10分くらい遅れそう。

❹「先にお店に入って待っててくれる？」
먼저 가게에 들어가서 기다릴래?

역 개찰구 앞에서 기다려.
駅の改札の前で待ってて。

도착하면 전화할게.
着いたら電話するね。

point ▶▶▶ ポイント

このようなショートメッセージやSNSでは、その時期を反映した略語や特有の表現が用いられます。日本で使われる「(笑)」や「w」のようなものもあるんですよ。
　　　ㅋㅋ=ククク、ㅋクックッ　　ㅎㅎ=ふふふ、ハハハ(笑っている様子)
　　　ㅊㅋㅊㅋ(=축하축하) おめでとう　　ㄱㅅ(=감사) ありがとう
　　　ㅈㅅ(=죄송합니다) ごめんなさい
　　　ㅠㅠ　(ㅠ.ㅠ)　ㅠ_ㅠ　;ㅁ;　;ㅅ;　ㅠㅅㅠ　(泣き顔の顔文字)
　ちなみに、顔文字のことを韓国語では이모티콘といいます。

02 「先に行ってて」
遅れるので先に行っててと送る

待ち合わせに間に合いそうにありません。
先に行ってもらいます。

아직 회사라서 늦겠어. **30분은 더 걸릴 것 같아.** ❶ 미안.

まだ会社だから、遅れる。あと **30分はかかってしまいそう。**❶ ごめん。

괜찮아. **기다릴게.** ❷

大丈夫。待ってるね。❷

우선 먼저 가 있어. ❸ 전에 함께 갔던 곳이니까 장소는 알지? **최대한 빨리 갈게.** ❹ 조금 이따가 봐.

とりあえず、先に行ってて。❸ 前に一緒に行った所だから、場所は分かるよね？ **なるべく早く行くから。**❹ じゃあ、また後で。

026

variations » バリエーション

❶「あと30分はかかってしまいそう」
30분은 더 걸릴 것 같아.

많이 기다려야 할지도 몰라.
かなり待つことになるかもしれない。

거의 다 왔어.
もうすぐ着くよ。

❷「待ってるね」
기다릴게.

어떻게 할까?
どうしようか?

가게에 전화할까?
お店に電話しようか?

❸「とりあえず、先に行ってて」
우선 먼저 가 있어.

먼저 가 있어도 되고.
先に行っててもらってもいいし。

먼저 들어가서 뭐 주문해 둬.
先に入って、何か頼んでおいて。

❹「なるべく早く行くから」
최대한 빨리 갈게.

끝나는 대로 바로 갈게.
終わり次第、すぐ行くね。

매번 기다리게 해서 미안.
いつも待たせてごめん。

point ▶▶▶ ポイント

バリエーションにある「もうすぐ着くよ」の韓国語訳거의 다 왔어.は、直訳すると「ほとんど全部来た」で、もうほぼ着いているという意味になります。電話で待っている待ち合わせの相手に「今どこ?」と聞いたときなどによく使われるフレーズです。タクシーで運転手へ「あとどれくらいかかりますか?」と聞いた場合などにも거의 다 왔어요.(もうすぐ着きますよ)という答えが返ってくることもあります。「もうすぐ着くよ」は、곧 도착해.あるいは금방 도착할 거야.と訳すこともできます。

03 「列に並んでるね」
行列が進まないと伝える

友人より先に着いたので、列に並んでみましたが進みません。

먼저 도착했으니까 **티켓 사는 줄에 서 있을게.❶** 도착하는 데 얼마나 더 걸릴 것 같아?
지금 줄 서 있기는 한데, 사람이 엄청 많아. 줄이 줄어들지가 않네. 우리 보기로 한 영화 **어쩌면 매진될지도 모르겠어.❷** 역시 예매해 둘걸 그랬나 봐.❸ 만약 그거 안 되면 다른 영화라도 볼까?❹
도착하면 연락해.

先に着いたから、**チケットの列に並んでるね。❶**　着くのに後どれくらいかかりそう？　今、列に並んではいるんだけど、すごい人。全然列が進まない。私たちが見ることにしてた映画、もしかしたら売り切れになっちゃうかもしれない。❷　やっぱり予約しておくべきだったかも。❸　もしそれがだめだったら、違う映画でも見ようか？❹　着いたら連絡して。

variations ≫ バリエーション

❶「チケットの列に並んでるね」
티켓 사는 줄에 서 있을게.

입구 앞에서 문 열리기를 기다리는 중.
入口の前で開くのを待ってるところ。

정리권 받고, 근처에서 커피 마시고 있어.
整理券もらって、近くでコーヒー飲んでるよ。

❷「もしかしたら売り切れになっちゃうかもしれない」
어쩌면 매진될지도 모르겠어.

티켓 못 살지도 몰라.
チケット買えないかもしれない。

좋은 좌석 표 구하는 건 어려울지도 몰라.
良い席のチケット買うのは厳しいかもしれない。

❸「やっぱり予約しておくべきだったかも」
역시 예매해 둘걸 그랬나 봐.

미리 예매해 놓았으면 좋았을걸.
先に予約しておけばよかった。

인터넷으로 예매되는 줄 알았으면 미리 사 두었을 텐데.
ネットでも予約できるって知ってたら、先に買っておいたのに。

❹「もしそれがだめだったら、違う映画でも見ようか?」
만약 그거 안 되면 다른 영화라도 볼까?

다른 거 뭐 보고 싶은 영화 있어?
ほかに何か見たい映画ある?

아니면 다른 데로 갈까?
それか、ほかの所に行こうか?

---

point ▶▶▶ ポイント

韓国語にも日本語の「予約」と同じ예약という単語があり、ホテルの予約やレストランの予約には同じように使われます。ですが、映画のチケットや、新幹線のチケットの場合には、예매(漢字表記は〈豫買〉)という表現が多く使われます。
ちなみに、バリエーションの①のフレーズに「整理券(정리권)」という単語が出てきますが、韓国には整理券という制度が基本的にはありません。

04 「やっと着いた！」
到着を知らせる
待ち合わせの場所に着いたことを知らせます。

드디어 도착! ❶ 오늘따라 전철이 왜 이렇게 늦는지. 기다리게 해서 미안.
지금 어디야? ❷ 다른 사람들은 만났어? **나는 지금 막 내렸어.** ❸ **동쪽 개찰구로 바로 갈게.** ❹ 이미 가게로 출발했으면 뒤쫓아갈 테니까 거기서 만나자.

やっと着いた！❶　今日に限って電車がこんなに遅れるなんて。待たせちゃってごめんね。
今どこにいる？❷　みんなと合流した？　私はまだ降りたばっかり。❸　すぐに東口の改札に向かうね。❹　もしお店にもう向かってるなら、追いかけるから、そこで会おう。

variations » バリエーション

❶ 「やっと着いた！」
드디어 도착!

간신히 도착했어.
なんとか着いたよ。

금방 도착할 거야.
もうちょっとで着くよ。

❷ 「今どこにいる？」
지금 어디야?

벌써 도착했어?
もう着いた？

집합장소는 어디야? 개찰구 앞에서 만나면 되는 거야?
集合場所ってどこ？　改札前でいいの？

❸ 「私はまだ降りたばっかり」
나는 지금 막 내렸어.

항상 만나는 곳에 있어.
いつもの所にいるよ。

전에 만났던 곳에서 보자.
前に会った所で会おう。

❹ 「すぐに東口の改札に向かうね」
동쪽 개찰구로 바로 갈게.

바로 갈게.
すぐに行くね。

서둘러 갈게.
ダッシュで向かいます。

point ▶▶▶ ポイント

本文にある나는 지금 막 내렸어. （私はまだ降りたばっかり）に使われている막は、「たった今、今しがた」や「ちょうど（その時）、まさに」という意味の副詞です。そのため、지금 막 내렸어. を直訳すると「今まさに降りた」になり、その意味から「まだ降りたばかり」という日本語訳になります。「지금 막＋過去形」で「今〜したばかり」。

　　지금 막 왔어.（今、来たばっかり）
　　밥 먹었어?（ご飯食べた？）-지금 막 먹었어.（今、食べたばっかり）

05 「駅の改札にいるよ」
早く着いたことを伝える

待ち合わせの場所に早く着いてしまいました。
「ゆっくりでいいよ」と伝えてみましょう。

생각보다 일이 빨리 끝났어.❶ 그대로 왔더니 **약속 시간보다 빨리 도착했어.**❷

아직 오고 있는 중이지? **역 개찰구에 있을게.**❸ 책 읽으면서 기다리면 되니까 **서둘지 말고 천천히 와.**❹

그럼 이따 봐~.

用事が思ったよりも早く終わったよ。❶ そのまま来たら、**約束の時間より早く着いちゃった。**❷

まだ移動中だよね？ **駅の改札にいるね。**❸ 本読みながら待っていればいいから、**慌てないでゆっくり来て。**❹

じゃあ、また後でね〜。

2 ショートメッセージ

variations　»　バリエーション

❶「用事が思ったよりも早く終わったよ」
생각보다 일이 빨리 끝났어.

의외로 일이 빨리 처리되었어.
仕事が思いのほか早く片付いた。

항상 지각하니까 오늘은 집에서 일찍 나왔어.
いつも遅刻するから、今日は早めに家を出たよ。

❷「約束の時間より早く着いちゃった」
약속 시간보다 빨리 도착했어.

생각보다 빨리 도착했어.
思ったより早く着いた。

약속 시간까지 30분이나 남았어. 어떡해. 너무 빨리 왔어.
待ち合わせの時間まで30分もある。どうしよう。早く来すぎた。

❸「駅の改札にいるね」
역 개찰구에 있을게.

근처 구경하고 있을게.
近くをぶらぶらしてるね。

어디 들어가서 차 마시고 있을게.
どこかに入ってお茶してるね。

❹「慌てないでゆっくり来て」
서둘지 말고 천천히 와.

서둘지 않아도 돼.
慌てなくていいからね。

늦어도 괜찮아.
遅れても大丈夫だよ。

point ▶▶▶ ポイント

本文にある「早めに着いちゃった」や「遅れちゃった」「早く終わっちゃった」のように、日本語では「〜してしまう」という表現をよく使います。しかし、韓国語に訳す際にそれらすべてを「〜してしまう」にあたる「- 아 / 어 버리다」と訳すと、非常に不自然になります。日本語の「〜してしまう」を訳す場合には、意識的にその要素を抜かし、「早めに着いちゃった」→ 빨리 도착했어. (早く着いた)のように訳した方が自然です。
　　「遅れちゃった」→ 늦었어.　　「早く終わっちゃった」→ 빨리 끝났어.

06 「行けなくなっちゃった」
急に行けなくなったことを謝る
予定が変わり、約束をキャンセルします。

미안. 내일 갑자기 급한 일이 생겨서 **약속 못 지킬 것 같아.**❶ 갑자기 취소해서 미안.❷ 집에 놀러 가고 싶었는데 아쉽다.
다른 애들은 온대? **다들 만나고 싶었는데….**❸ 애들한테 안부 전해 줘.❹ 이번에 펑크 낸 거 다음에 밥 한번 살게.
다시 연락할게.

ごめん。明日、突然急用ができちゃって、**約束守れなさそうなの。**❶　ドタキャンしてごめん。❷　家に遊びに行きたかったんだけど、残念。
ほかのみんなは来るって？　**みんなに会いたかったんだけど…。**❸　みんなによろしく伝えて。❹　今回の埋め合わせに、今度ご飯ごちそうするから。
また連絡するね。

variations » バリエーション

❶「約束守れなさそうなの」
약속 못 지킬 것 같아.

못 가게 되었어.
行けなくなっちゃった。

못 만날 것 같아.
会えなさそうなの。

❷「ドタキャンしてごめん」
갑자기 취소해서 미안.

약속 못 지켜서 미안.
約束守れなくてごめん。

못 가게 돼서 미안.
行けなくなっちゃってごめん。

❸「みんなに会いたかったんだけど…」
다들 만나고 싶었는데….

나도 가고 싶었는데….
私も行きたかったんだけど…。

나도 하고 싶었는데….
私もやりたかったんだけど…。

❹「みんなによろしく伝えて」
애들한테 안부 전해 줘.

다음에는 꼭 보자.
次は必ず会おうね。

다음에는 꼭 갈게.
次は絶対に行くから。

point ▶▶▶ ポイント

「食事をおごる」「ごちそうする」という意味の韓国語には、いくつかの表現があります。
　밥 사다　　　　다음에 밥 살게. (今度、ご飯おごるね)
　사 주다　　　　내가 맛있는 거 사 줄게. (私が美味しい物ごちそうするから)
　한턱내다　　　합격했으니까 한턱낼게. (合格したから、ごちそうするよ)
　쏘다　　　　　오늘 점심은 내가 쏠게. (今日のお昼は俺がおごるよ)
　ちなみに밥 살게 (ご飯おごるね) のような場合の-ㄹ게は、[ㄹ께]のように게が濃音で[께]と発音されます。

07 「大丈夫だよ」
約束のキャンセルを承諾する

約束を急にキャンセルしたいと言ってきた友人に
「大丈夫だよ」と伝えます。

괜찮아.❶ 그럴 때도 있지 뭐. 신경 쓰지 마. **다음에 안 바쁠 때 시간 맞춰서 다시 보자.**❷ 바쁘더라도 **무리하면 안 돼.**❸ 이번에 약속 깬 거, 나중에 만났을 때 **뭐 맛있는 거 사 주는 거야?**❹ 평소에 잘 하니까 맛있는 커피 정도로 봐주겠어. ㅎㅎ

大丈夫だよ。❶　そういう時もあるよ。気にしないで。**今度、また忙しくない時に時間を合わせて会おう。**❷　忙しくても、**無理しちゃだめだよ。**❸ 今回のキャンセルの埋め合わせに、今度会った時に**何か美味しい物おごってくれるのかな？**❹　日ごろの行いに免じて、美味しいコーヒーくらいで勘弁してあげよう。ふふふ。

variations » バリエーション

❶「大丈夫だよ」
괜찮아.

알았어.
分かった。

걱정하지 마.
心配しないで。

❷「今度、また忙しくない時に時間を合わせて会おう」
다음에 안 바쁠 때 시간 맞춰서 다시 보자.

다음 달쯤으로 변경할까?
来月あたりに変更しようか?

시간 나면 알려 줘.
時間ができたら教えて。

❸「無理しちゃだめだよ」
무리하면 안 돼.

건강 잘 챙겨.
体は大切に。

밥 잘 챙겨 먹고.
ご飯はちゃんと食べてね。

❹「何か美味しい物おごってくれるのかな?」
뭐 맛있는 거 사 주는 거야?

어디 데려가 주는 거야?
どこか連れて行ってくれるのかな?

다음에 밥 사 줘.
今度ご飯ごちそうしてね。

point ▶▶▶ ポイント

本文中に出て来る약속(을) 깨다の깨다は、「壊す、だめにする」という意味ですが、약속(을) 깨다の形で「約束を破る」という意味になります。一方、「キャンセルする」は、캔슬하다あるいは취소하다と訳すことができます。それぞれの単語を使った例は、次のようになります。

    친구가 약속을 깼다.   (友達が約束を破った)
    호텔 예약을 캔슬했다.   (ホテルの予約をキャンセルした)
    여행 계획을 취소했다.   (旅行の計画を取り消した)

08 「今、話せる？」
電話をかけていいか聞く

確認したい事があり、電話をかけてもいいか尋ねます。

> 지금 통화 가능해?❶ 바쁜데 미안. **지금 당장 확인하고 싶은 게 있어서.**❷
> 문자보다는 전화가 빠를 것 같은데.❸ 이 메시지 보면 **가능한 한 빨리 연락 줘.**❹ 내가 전화할게.

今、電話で話せる？❶　忙しいのに、ごめん。今すぐ確認したい事があって。❷
メールよりは電話の方が早そうなんだけど。❸　このメッセージ読んだら、なるべく早く連絡ちょうだい。❹　私から電話するから。

variations » バリエーション

❶「今、電話で話せる？」
지금 통화 가능해?

지금 잠깐 전화해도 괜찮아?
ちょっと電話しても大丈夫？

지금 시간 있어?
今、時間ある？

❷「今すぐ確認したい事があって」
지금 당장 확인하고 싶은 게 있어서.

좀 물어보고 싶은 게 있어서.
ちょっと聞きたい事があって。

지금 바로 물어보고 싶은 게 있어서.
今すぐ聞きたい事があって。

❸「メールよりは電話の方が早そうなんだけど」
문자보다는 전화가 빠를 것 같은데.

어떻게 해서든 오늘 중으로 끝내야만 해.
どうしても今日中に終わらせなきゃならないの。

문자로 설명하기가 좀 어려워.
メールで説明するのがちょっと難しいの。

❹「なるべく早く連絡ちょうだい」
가능한 한 빨리 연락 줘.

가능한 한 빨리 상황을 알려 줘.
なるべく早く都合を教えて。

바로 답장할 수 있어?
すぐに返信できる？

---

point ▶▶▶ ポイント

日本では、携帯電話のメールもパソコンからのメールも、どちらもメールといいますが、韓国語では携帯電話のメール（ショートメッセージ）のことは문자（発音は[문짜]）、パソコンのメールは메일といって、区別して表現します。
「メッセージ」は本来메시지ですが、日常会話では[메세지]と発音されることが多くあります。同様に、「パンフレット」は、팜플릿ですが[팜플렛]と発音されることが多く、「チョコレート」も초콜릿ですが[초콜렛]と発音されることが多くあります。

09 「後で電話する」
用事を済ませた後、電話すると伝える

✉ 08 に返信し、「後で電話する」と手短に伝えます。

메시지 봤어. **내가 답할 수 있는 건가?**❶
바로 연락하고 싶은데 하던 일 끝내야 해서, **지금은 통화하기 힘들어.**❷ 미안. **나중에 전화할게.**❸ 1시간 후? **그때까지 조금만 기다려 줘.**❹
이따 연락할게.

メッセージ読んだよ。**私で答えられることかな?**❶
すぐに連絡したいところなのだけど、やっている用事を済ませなくちゃいけないから、**今は電話できないんだ。**❷ ごめん。**後で電話するね。**❸ 1時間後くらいかな。**それまでちょっとだけ待ってて。**❹
じゃあ、後で連絡するね。

variations » バリエーション

❶ 「私で答えられることかな？」
내가 답할 수 있는 건가?

나를 믿고 얘기해 줘서 고마워.
私を信じて話してくれてありがとう。

내가 도움이 될 수 있을까?
私で役に立てるかな？

❷ 「今は電話できないんだ」
지금은 통화하기 힘들어.

지금 전화 받기 힘들어.
今、電話取れないんだ。

지금 조금 바쁘네.
今、ちょっとバタバタしてるの。

❸ 「後で電話するね」
나중에 전화할게.

내가 전화할게.
私から電話するよ。

끝나는 대로 연락할게.
終わり次第、連絡するね。

❹ 「それまでちょっとだけ待ってて」
그때까지 조금만 기다려 줘.

그 시간쯤 연락해도 괜찮아?
そのくらいの時間に連絡しても大丈夫？

1시간 후에 전화해.
1時間後に電話して。

---

point ▶▶▶ ポイント

「後で電話するね」という場合の「電話」には 전화を使いますが、「今、電話で話せる？」というように「電話で話す」という場合の「電話」には、통화（意味は「通話」）が多く使われます。통화を使う例は、次のようになります。

지금 통화 가능하세요?　　　（今、電話大丈夫ですか？）
지금은 통화 중입니다.　　　（今は、電話中です）
엄마하고는 아까 통화했어.　（母さんとは、さっき電話で話した）

10 「スカイプで話そう」
久々に顔を見ながら話したいと提案する

離れている友人に、スカイプで話そうと伝えます。

> 오랜만이야. 잘 지내?
> **꽤 오랫동안 못 만났는데 별 일 없어?❶** 오늘 시간 있으면 간만에 **스카이프로 대화하자.❷** 가끔씩은 얼굴 보면서 말하고 싶어. 몇 시 정도면 괜찮은지 알려 줘.❸ 혹시 내가 오프라인 상태이면 핸드폰으로 문자 보내 줄래?❹

久しぶり。元気?
ずいぶん会ってないけど、変わりない?❶ 今日、時間があったら久しぶりに**スカイプで話そう。❷** たまには顔を見ながら話したいな。
何時ごろなら大丈夫か教えて。❸ もし私がオフラインになっていたら、携帯にメール送ってくれる?❹

variations » バリエーション

❶「ずいぶん会ってないけど、変わりない?」
꽤 오랫동안 못 만났는데 별 일 없어?

요새 어때?
最近、どう?

뭐 달라진 거 있어?
何か変わったことはあった?

❷「スカイプで話そう」
스카이프로 대화하자.

만나자.
会おう。

전화로 얘기하자.
電話で話そうよ。

❸「何時ごろなら大丈夫か教えて」
몇 시 정도면 괜찮은지 알려 줘.

시간 정해 놓을까?
時間を決めておこうか?

오늘 저녁 7시 정도는 어때?
今晩7時ぐらいはどう?

❹「もし私がオフラインになっていたら、携帯にメール送ってくれる?」
혹시 내가 오프라인 상태이면 핸드폰으로 문자 보내 줄래?

혹시 자리비움으로 나오면 전화해.
もし退席中なら電話して。

혹시 대답하지 않으면 연락해.
もし応答しなかったら連絡して。

---

point ▶▶▶ ポイント

●スカイプに関する用語

開始	시작	オフライン	오프라인, 나만 혼자
コンタクト	연락처	退席中	자리 비움
ダイヤル	전화걸기	一時退席中	잠시 자리비움
発着信履歴	발신 착신 이력	取り込み中	다른 용무 중
オンライン	온라인, 접속중	ログイン状態を隠す	로그인 상태를 숨김

11 「何しようか？」
何をして遊ぶか相談する

今度会う時に何をするか、相手と相談します。

휴가 받았어! 이제 마음 푹 놓고 쉬어야지. 간만의 연휴. 신난다~. **뭐 할까?** ❶

休みが取れた！ これで心置きなく休もうっと。久しぶりの連休。やった〜！ 何しようか？ ❶

영화는 어때? 그리고 점심은 중국집!

映画はどう？ それとお昼は中華料理屋さん！

정말? 어렵게 얻은 휴가이고 연휴이기도 하니까 **마음껏 놀러 다니자.** ❷ 어디 여행이라도 갈까?

ええ〜？ せっかく取った休みだし、連休でもあるんだから、**思い切り遊び回ろうよ。** ❷ どこか旅行でも行こうか？

좋아. ❸ 자, 빨리 예약 가능한 숙소 있는지 알아보자. **나는 온천 있는 숙소가 좋을 것 같아.** ❹

いいね。❸ じゃあ早速、予約できる宿があるか調べてみよう。私は温泉のある宿がいいなあ。❹

variations » バリエーション

❶「何しようか？」
뭐 할까?

어디 갈까?
どこ行こうか？

뭐 먹을까?
何食べようか？

❷「思い切り遊び回ろうよ」
마음껏 놀러 다니자.

쇼핑하고 점심 먹고 나서, 맘에 드는 가게에서 케이크 먹자.
買い物して、ランチして、それからお気に入りのお店でケーキを食べよう。

좋은 방안이 좀처럼 떠오르지 않네.
なかなかいいアイデアが思いつかないなあ。

❸「いいね！」
좋아.

찬성!
賛成！

오케이. 탔어!
よし、乗った！

❹「私は温泉のある宿がいいなあ」
나는 온천 있는 숙소가 좋을 것 같아.

조용한 곳에 가고 싶은데.
静かな所に行きたいなあ。

느긋하게 쉴 수 있는 곳이 좋을 것 같아.
のんびり休める所がいいなあ。

point ▶▶▶ ポイント

「何しようか？」の뭐 할까?は、疑問詞の무엇（何）の縮約形の뭐、動詞の하다（する）に-ㄹ까?（〜しようか）が付いたものです。この-ㄹ까?（〜しようか）は、먹다（食べる）の語幹먹のように、語幹末にパッチムがある場合には-을까?となります。

그럼 오늘 만날까? (じゃあ、今日会おうか？) 　　動詞の基本形は만나다
뭐 만들어 먹을까? (何作って食べようか？) 　　動詞の基本形は먹다

12 「何か食べに行こうよ」
食事に誘う
友達を食事に誘います。

토요일에 시간 있어?❶

土曜日に時間ある?❶

응 괜찮아. 특별한 일정은 없어. **뭐 있어?** ❷

うん、大丈夫。特に予定はないよ。どうかしたの?❷

잘됐다. 같이 **뭐 먹으러 가자.**❸

よかった。一緒に何か食べに行こうよ。❸

그래 가자. **마침 맘에 드는 가게가 있어.**❹ 사이트 복사해 놓을게.

そうだね、行こう。ちょうど気になってるお店があるんだ。❹ サイト貼っておくね。

variations » バリエーション

❶「土曜日に時間ある？」
토요일에 시간 있어?

오늘 시간 있어?
今日、時間ある？

이번 주말 시간 있어?
今度の週末、時間ある？

❷「どうかしたの？」
뭐 있어?

무슨 일 있어?
何か用事？

왜?
なんで？

❸「何か食べに行こうよ」
뭐 먹으러 가자.

어디 놀러 가자.
どこか遊びに行こうよ。

어디 안 갈래?
どこか行かない？

❹「ちょうど気になってるお店があるんだ」
마침 맘에 드는 가게가 있어.

가고 싶었던 가게가 있어. 가 볼래?
行ってみたかったお店があるんだ。行ってみない？

뭐 먹고 싶은 거 있어?
何か食べたいものはある？

point ▶▶▶ ポイント

本文の뭐 있어？（どうかしたの？）や、뭐 먹으러 가자．（何か食べに行こう）で使われている뭐(何)は、会話の際には[머]と発音されることがあります。その影響で、このようなメッセージのなかでも머と書かれることが多くあります。会話の際には発音が似ていたり、会話の流れで뭐のことを言っているのだと分かっても、文字で머と書かれていると、とっさに何ことか分からないことも。ショートメッセージの場合には、文字を見てよく分からなくても、声に出して読んでみると分かるときもあります。徐々に慣れていくといいでしょう。

13 「一緒に行かない？」美術館に行かないかと誘う

自分の行ってみたい所に、友人を誘います。

잘 지내? 이번 일요일에 시간 있어? 국립미술관에 가고 싶은데 **같이 안 갈래?** ❶

元気？　今度の日曜日、時間ある？　国立美術館に行きたいんだけど、一緒に行かない？❶

좋아. **나도 아직 가 본 적 없는 곳이야.** ❷

いいよ。私もまだ行ったことない。❷

오 예~! 그럼 **10시에 집으로 데리러 갈게.** ❸

やったー！　じゃあ、10時に家まで迎えに行くよ。❸

아냐. 일요일이라 붐비기 전에 다녀오는 게 좋을 것 같아. **10시에 미술관에서 만나자.** ❹

いや。日曜だから混む前に行って来た方がいいと思う。10時に美術館で会おう。❹

variations » バリエーション

❶「一緒に行かない？」
같이 안 갈래?

같이 갈 사람이 없어서.
一緒に行く人がいなくて。

어떻게 생각해?
どう思う？

같이 갈 사람이 없어서.
一緒に行く人がいなくて。

❷「私もまだ行ったことない」
나도 아직 가 본 적 없는 곳이야.

나도 한번은 가 보고 싶었어.
私も一度は行ってみたかったんだ。

그럼 같이 갈까?
じゃあ、一緒に行こうか？

❸「10時に家まで迎えに行くよ」
10시에 집으로 데리러 갈게.

어디서 만나기로 할까?
どこで会うことにしようか？

11시에 늘 보던 곳에서 볼까?
11時にいつもの所で会おうか？

❹「10時に美術館で会おう」
10시에 미술관에서 만나자.

역에서 10시는 어때?
駅で10時はどう？

지하철보다 버스로 가는 게 빠를지 몰라. 알아볼게.
地下鉄より、バスで行った方が早いかもしれない。調べてみるね。

point ▶▶▶ ポイント

「待ち合わせ」にそのまま対応する韓国語はありません。「待ち合わせはどうしましょうか？」と言う場合には、어디서 만날까요?（どこで会いましょうか？）や、몇 시에 만날까요?（何時に会いましょうか？）のように言い換える必要があります。この2つを合わせて몇 시에 어디서 만날까요?（何時にどこで会いましょうか？）という表現も可能です。「待ち合わせ場所」は、약속 장소（約束場所）となります。

14 「遊びに来て」 自宅に遊びに来るよう誘う

友人を自宅に招きます。

이번 토요일 우리 집에 모두 모여서 삼겹살 먹기로 했어. 시간 있으면 **놀러 와.**❶ 한국인, 일본인 친구들 몇 명이 올 예정인데, 모두 좋은 사람들이야.

今度の土曜日、うちにみんなで集まってサムギョプサル食べることにしたんだ。時間があったら**遊びに来て。**❶ 韓国人と日本人の友達が何人か来る予定なんだけど、皆いい人だよ。

진짜? **나도 갈래~.**❷ 초대해 줘서 고마워. **뭐 가지고 갈까?**❸

本当？ 私も行く〜。❷ お誘いありがとう。何か持って行こうか？❸

먹을 건 각자 가져오기로 했으니까, **마실 거 사 가지고 올래?**❹ 마시고 싶은 거로 사 와.

食べる物は皆で持ち寄ることにしたから、**飲み物買って来てくれる？**❹ 飲みたい物でいいよ。

OK! 그럼 토요일. 그때 보자.

OK! じゃあ土曜日に。楽しみにしてるね。

variations » バリエーション

❶「遊びに来て」
놀러 와.

오지 않을래?
来ない？

잠깐 들려.
ちょっと寄って。

❷「私も行く〜」
나도 갈래〜.

나도 가도 돼?
私も行っていいの？

미안. 그날은 못 가.
ごめん。その日は行けないんだ。

❸「何か持って行こうか？」
뭐 가지고 갈까?

뭐 필요한 거 있어?
何かいる物ある？

뭐 도울 거 있어?
何か手伝う事ある？

❹「飲み物買って来てくれる？」
마실 거 사 가지고 올래?

맥주 사오면 좋고.
ビール買って来てもらえると助かる。

그냥 와도 돼.
手ぶらでいいよ。

---

point ▶▶▶ ポイント

バリエーションの④にある그냥 와도 돼.（手ぶらでいいよ）の그냥は、「そのまま、ただ」という意味があり、文を直訳すると「そのまま来てもいいよ」となります。この그냥には、「ただ、なんとなく」という意味もあります。

　　편의점에 들어갔다가 그냥 나왔다.　（コンビニに入って、そのまま出てきた）
　　커피는 설탕을 안 넣고 그냥 마셔요.　（コーヒーは砂糖を入れないでそのまま飲みます）
　　"오늘은 왜 왔어요?"-"그냥요."　（「今日はどうして来たんですか？」「なんとなくです」）

15 「良いお店、発見！」 お薦めのお店の情報を知らせる

お薦めのお店のサイトを紹介します。

잘 지내? 이번 모임에 **딱 좋은 가게 발견!**❶
아직 가 보지는 않았지만❷ 역에서 도보로 5분 정도밖에 안 걸리고, 교통편도 괜찮은 곳이라서 모두 오기 쉬울 거 같아. 사람들 평판도 좋고. **사이트 한번 보고 어떤지 알려 줘.**❸ 괜찮아 보이면 **점심 먹으러 가 보자.**❹

元気？　今度の集まりにちょうど**良いお店、発見！**❶
まだ行ってみてはないんだけど、❷駅から徒歩5分くらいしかかからないし、交通の便もいい所だから、みんな来やすそう。口コミの評判もいいし。**一度サイトを見てみて、どうだったか教えて。**❸　良さそうだったら、**ランチに行ってみようよ。**❹

variations » バリエーション

❶「ちょうど良いお店、発見！」
딱 좋은 가게 발견!

맛있는 데를 알고 있어.
美味しい所を知っているよ。

분위기 좋은 곳 소개 받았어.
雰囲気のいい場所、教えてもらったんだ。

❷「まだ行ってみてはないんだけど」
아직 가 보지는 않았지만.

한 번밖에 가 본 적은 없지만.
一度しか行ったことないんだけど。

점심시간밖에 가 본 적은 없지만.
ランチしか行ったことないんだけど。

❸「一度サイトを見てみて、どうだったか教えて」
사이트 한번 보고 어떤지 알려 줘.

가게 홈피 링크 복사해 둘게.
お店のHPのリンクを貼っておくね。

블로그에 올라온 정보, 대충 한번 봐 봐.
ブログに載ってた情報、一度目を通してみて。

❹「ランチに行ってみようよ」
점심 먹으러 가 보자.

오늘 가 볼까?
今日行ってみようか？

예약할까?
予約しちゃおうか？

point ▶▶▶ ポイント

日本語の「口コミ」や「口コミサイト」は、韓国語にそのままあてはまるものがありません。本文では「口コミの評判」にあたる韓国語は、사람들 평판（直訳は「人々の評判」）としてあります。「美味しいって口コミで聞いたんだ。行ってみよう」という文であれば、맛있다고 소문났던데. 가 보자.のようになります。日本では飲食店を探す場合などに使う口コミサイトがあり、条件に合ったお店を探すことがありますが、韓国ではあまりそのようなものがなく、ブログで紹介されている記事を参考にすることが多いようです。ちなみに、バリエーションの③にある홈피は、홈페이지（ホームページ）を口語体で短く言った形です。

16 「急ぎでお願いが…」韓国語のチェックをお願いする

韓国語のチェックをしてくれる人を探しています。

어떡해! **급히 부탁할 게 있어.** ❶ 내일 중으로 내가 쓴 한국어 문서를 체크해 줄 한국인을 찾고 있는데, 누구 아는 사람 없어? 물론 사례는 할 거야.

どうしよう！　急ぎでお願いがあるの。❶　明日中に私の書いた韓国語の書類をチェックしてくれる韓国人を探しているんだけど、誰か知ってる人いない？　もちろんお礼はするよ。

응. 딱 생각 나는 사람은 없는데. **그 문서 길어?** ❷ 양 많지 않으면 내가 도와줄게. 사례는 괜찮아. **친구끼리 뭘.** ❸

うーん。ぱっと思いつく人はいないなあ。その書類は長いの？❷ 量が多くないなら私が手伝うよ。お礼はいらないよ。友達なのに水臭い。❸

정말? 고마워. 다행이다. 문서는 2페이지 정도야. **지금 메일로 보낼게.** ❹ 정말 고마워. 나중에 한턱낼게~.

本当に？　ありがとう。　よかった。書類は2ページくらい。**今メールで送るね。**❹　本当にありがとう。後でごちそうするね〜。

variations » バリエーション

❶「急ぎでお願いがあるの」
급히 부탁할 게 있어.

긴급사태!
緊急事態！

급하게 부탁해서 미안한데….
急なお願いで申し訳ないのだけど…。

❷「その書類は長いの？」
그 문서 길어?

양 많아?
量は多いの？

어려운 내용이야?
難しい内容なの？

❸「友達なのに水臭い」
친구끼리 뭘.

어려울 땐 서로 도와야지.
困ったときはお互いさまでしょ。

내가 힘들 때 도와줘.
私が大変なときは助けてね。

❹「今メールで送るね」
지금 메일로 보낼게.

메일로 첨부해서 보낼게.
メールに添付して送るね。

혹시 모르니 핸드폰하고 컴퓨터 양쪽으로 보낼게.
念のため、携帯とパソコンの両方に送るね。

---

point ▶▶▶ ポイント

本文の딱 생각 나는 사람은 없는데.(ぱっと思いつく人はいないなあ)にある생각나다（直訳は「考え（が）出る」）は、「思いつく、考えつく」のほかに、「思い出す」という意味もあります。
　　좋은 방법이 생각났어요.（いい方法を思いつきました）
　　제목은 생각났는데 내용이 생각 안 나네요.
　　（タイトルは思い出したんだけど、内容が思い出せません）

17 「おかげで楽しかった」 帰宅後、お礼を伝える

お世話になった友人へお礼のメッセージを送ります。

조금 전에 무사히 집에 왔어. 이틀 동안 신세도 많이 지고 **덕분에 즐거웠어.❶** 고마워.

さっき家に無事着いたよ。2日間とてもお世話にもなって、**おかげで楽しかった。❶** ありがとう。

いいえ～。無事に着いてよかった。こちらこそ、遊びに来てくれてありがとう。いろいろおしゃべりして過ごしていたら、**あっという間だった。❷** またいつでも遊びに来てね。

아니야. 무사히 도착해서 다행이다. 나야말로 놀러 와 줘서 고마워. 수다 많이 떨고 노느라 **시간 금방 갔다.❷** 언제든지 또 놀러 와.

응, 꼭 다시 놀러 갈게. 부모님께도 **안부 인사 전해 줘.❸** 그리고 **다음엔 우리 집으로 놀러 와.❹** 언제든지 환영이니까.

うん、ぜひまた遊びに行かせてね。**ご両親にもよろしく伝えて。❸** それと、**今度は私の家に遊びに来てね。❹** いつでも歓迎するから。

variations ≫ バリエーション

❶「おかげで楽しかった」
덕분에 즐거웠어.

신세 많이 졌습니다.
お世話になりました。

머물게 해 줘서 고마워.
泊めてくれてありがとう。

❷「あっという間だった」
시간 금방 갔다.

너무 즐거웠어.
とても楽しかった。

정말 즐거웠지.
本当に楽しかったね。

❸「よろしく伝えて」
안부 인사 전해 줘.

감사하다고 전해 줘.
ありがとうございましたって伝えて。

또 만나고 싶어.
また会いたいな。

❹「今度は私の家に遊びに来てね」
다음엔 우리 집으로 놀러 와.

다음 번엔 우리 집에 와서 자.
次の機会には、私の家に来て泊まってね。

시간 나면 부담 없이 들려.
時間ができたら、気軽に寄ってね。

point ▶▶▶ ポイント

本文の①と③の文を、丁寧な文体の「합니다（ハムニダ）体」と「해요（ヘヨ）体」に直すと、次のようになります。

　　　　　　　　　　　　　　　합니다（ハムニダ）体／해요（ヘヨ）体
　①「おかげで楽しかった」　→おかげで楽しかったです。
　　덕분에 즐거웠어.　　　　덕분에 즐거웠습니다. / 덕분에 즐거웠어요.
　③「よろしく伝えて」　　　→よろしく伝えてください。
　　안부 인사 전해 줘.　　　안부 인사 전해 주십시오. / 안부 인사 전해 주세요.

18 「うまくいってる？」久々に近況を交換する

久々に連絡する友達と近況を伝え合います。

오랜만이야. 잘 지내? 그 동안 연락 못해서 미안. 요새 뭐하고 지내? 한국어 공부는 **잘돼 가?**❶

久しぶり。元気？　なかなか連絡できなくてごめんね。最近はどうしてる？　韓国語の勉強は**うまくいってる?**❶

연락 고마워. 잘 있어? 한국어 공부는 솔직히 **슬럼프야.**❷ 하려고는 하는데 진도가 잘 안 나가서 어떻게 하면 좋을지 모르겠어.

連絡ありがとう。元気？　韓国語の勉強は、正直**スランプ。**❷ やろうとはしているんだけど、なかなか進まなくて、どうしたらいいのか分からない。

무슨 일 있어? 슬럼프 때는 무리하지 않는 게 좋아.❸

どうしたの？　スランプのときは、無理しない方がいいよ。❸

응. 그래서 좀 쉬어 볼까 봐. 최근에 **재미있는 드라마라도 있나?**❹ 그런 거라도 보면서 기분 전환하고 싶네.

うん。だからちょっと休んでみようかなって。最近**面白いドラマとかある？**❹　そういうのでも見ながら気分転換したいな。

variations » バリエーション

❶「うまくいってる？」
잘돼 가?

잘되고 있어?
進んでる？

열심히 하고 있어?
頑張ってる？

❷「スランプ」
슬럼프야.

좀처럼 잘되지 않네.
なかなかうまくいかないの。

좀처럼 할 마음이 안 생겨서.
なかなかやる気が出なくて。

❸「どうしたの？」
무슨 일 있어?

괜찮아?
大丈夫？

어디 안 좋아?
どこか悪いの？

❹「面白いドラマとかある？」
재미있는 드라마라도 있나?

유행하는 거라도 있나?
流行っているものとかある？

요새 한국에서는 뭐가 화제야?
最近、韓国では何が話題？

point ▶▶▶ ポイント

잘 지내? 야잘 있어?(どちらも「元気？」という意味)と聞かれた場合の答え方には、次のようなものがあります。
　　잘 지내. あるいは 잘 있어. （元気だよ）　　좀 바빠. （ちょっと忙しい）
　　어, 그저그래.（うーん、まあまあ）　　별로야. （いまいち）
　　相手に聞き返す場合には、너는？（お前は？）あるいは、넌 어때？（お前はどう？）と返すといいでしょう。

19 「忙しいの？」返信がないので心配だと伝える

返信のない友達を気遣います。

바빠?❶ 계속 답장이 없어서 걱정하고 있어. 답장은 신경 안 써도 되는데 **어디 몸이라도 아픈 건 아닌가 해서 조금 걱정이 되네.❷** 너 항상 열심히 살잖아. 또 쓸데없는 걱정인가? ^^
너무 무리하지 말고 지내.❸ 내가 뭔가 할 수 있는 게 있으면 부담 갖지 말고 언제든지 말해. **도와줄게.❹**

항상 너를 응원하는 친구로부터

忙しいの？❶　なかなか返信がなくて心配しています。返信は気にしなくて大丈夫なのだけど、どこか体調でも崩しているんじゃないかと思ってちょっと心配。❷　いつも頑張り屋さんのあなただから。心配しすぎかな？＾＾
あまり無理し過ぎないでいてね。❸　私が何かできることがあったら、いつでも気軽に言って。手伝うから。❹

いつもあなたを応援している友人より

variations » バリエーション

❶ 「忙しいの？」
바빠?

무슨 일 있어?
どうかしたの？

연락이 잘 가지 않았나?
連絡がちゃんと届いてないのかな？

❷ 「どこか体調でも崩しているんじゃないかと思ってちょっと心配」
어디 몸이라도 아픈 건 아닌가 해서 조금 걱정이 되네.

감기라도 걸린 거 아니야?
風邪とかひいていない？

밥은 잘 챙겨 먹는 거야?
ご飯はちゃんと食べてる？

❸ 「あまり無理し過ぎないでいてね」
너무 무리하지 말고 지내.

조금이라도 쉬어.
少しでも休んでね。

식사 잘 챙기고.
食事はちゃんと取ってね。

❹ 「手伝うから」
도와줄게.

날아갈게.
飛んで行くよ。

바로 달려갈 테니까.
すぐに駆け付けるから。

point ▶▶▶ ポイント

バリエーション③に出て来る챙기다は、「取りそろえる、片付ける、（飲食物を）準備する」などの意味がありますが、そのほかに人や物、食事についてなど、多様な使われ方をします。

짐을 챙겨서 집을 나왔다. (荷物を持って家を出た)
밥 잘 챙겨 먹어. (ご飯はちゃんとしっかり食べて)
나를 잘 챙겨 줘서 고마워. (私のことを大切にしてくれてありがとう)

20 「手伝おうか？」引っ越しの手伝いを提案する

引っ越しをする友達に、手伝いを申し出ます。

잘 지내? 이사한다고 들었는데 언제야? 곧 하는 거야?

元気？　引っ越すって聞いたんだけど、いつ？　すぐするの？

응. 이사는 내일모레 해. 근데 짐을 아직 다 못 쌌어. 어떡해! **이사 날짜 못 맞출지도 몰라.** ❶

うん。引っ越しは明後日。でもまだ荷造り終わってない。どうしよう！ **引っ越しの日に間に合わないかもしれない。** ❶

모레라고? **진짜?** ❷ **도와줄까?** ❸

明後日だって？　まじで？ ❷
手伝おうか？ ❸

정말? 도와주면 고맙지. 짐 싸는 것도 그렇지만 전기, 가스, 수도회사에 연락도 해야 해서 정신이 없어. **언제 올 수 있어?** ❹

本当に？　手伝ってもらえたらありがたい。荷造りもだけど、電気、ガス、水道会社にも連絡しなきゃならなくて、何が何だか分からない。**いつ来れる？** ❹

variations » バリエーション

❶「引っ越しの日に間に合わないかもしれない」
이사 날짜 못 맞출지도 몰라.

더 이상 안 될지도 몰라.
もうだめかもしれない。

혼자서는 어찌할 바를 모르겠어.
１人ではどうしたらいいのか分からない。

❷「まじで？」
진짜?

완전 시간 없잖아!
めっちゃ時間ないじゃん！

왠일이야!
何てこった！

❸「手伝おうか？」
도와줄까?

도와주러 가는 게 낫겠어?
手伝いに行った方がいい？

일손 부족하면 도와줄게.
手が足りないなら、手伝うよ。

❹「いつ来れる？」
언제 올 수 있어?

몇 시쯤 올 수 있어?
何時ごろ、来れそう？

당장이라도 와 주면 좋지.
すぐにでも来てくれたら助かる。

---

point ▶▶▶ ポイント

バリエーション②に出て来る완전は、本来は「完全」という意味ですが、現在は若い世代を中心として「めっちゃ、すごく」という意味でスラングのようにも使われます。

　　완전 좋아.
　　（めっちゃイイ）
　　완전 멋져.
　　（めっちゃカッコいい）

21 「まだ秘密だよ」 サプライズパーティーの相談をする

友達に内緒でサプライズパーティーを企画します。

유미 생일 얼마 안 남았네. 모두 모여서 **서프라이즈 파티라도 할까?**❶

ユミの誕生日がもうすぐだね。みんなで集まって、サプライズパーティーでもしない?❶

그거 좋은 생각인데.❷ 분명 기뻐할 거야.

それはいいアイデアだね。❷
きっと喜ぶよ。

그럼 내가 다른 사람들한테 연락할게. 유미한테는 **아직 비밀이야.**❸

じゃあ、私がみんなに連絡するね。ユミには**まだ秘密だよ。**❸

알았어. 절대 말하지 않을게. **기대된다!**❹

分かった。絶対に言わないから。
楽しみだね!❹

variations » バリエーション

❶「サプライズパーティーでもしない？」
서프라이즈 파티라도 할까?

축하 선물해 줄까?
お祝いのプレゼントしようか？

선물 보내는 건 어때?
プレゼントを贈るのはどう？

❷「それはいいアイデアだね」
그거 좋은 생각인데.

나도 그렇게 생각하고 있었어.
私もそう思ってたの。

찬성! 하자. 하자.
賛成！　やろうやろう。

❸「まだ秘密だよ」
아직 비밀이야.

아직 말하지 마.
まだ言わないでね。

말하고 싶어서 못 참겠다.
言いたくてたまらない。

❹「楽しみだね！」
기대된다!

벌써부터 기대된다!
今からわくわくする！

왠지 떨려.
なんだかドキドキする。

point ▶▶▶ ポイント

本文にある「サプライズパーティーでもしない？」のように日本語では相手を誘うときに、「サプライズパーティーでもしようよ」よりも「しない？」という否定を含んだ表現を使うことが多いですが、韓国語の場合は
　　　서프라이즈 파티라도 할까?　（サプライズパーティーでもしようか？）
あるいは
　　　서프라이즈 파티라도 하자.　（サプライズパーティーでもしようよ）
のように否定形を用いず、ストレートに表現することが多くあります。

22 「すごい！」合格のお祝いメッセージを送る

検定試験に合格した友達に、お祝いの言葉を送ります。

잘 지내? 이번에 본 시험 결과가 나왔어. 결과는 웬일! **합격!❶** 앗싸~!

元気？ この間受けた試験の結果が出たよ。結果はなんと！合格！❶ やったー！

와,~ 대박! 축하해!! **분명 붙을 거라 생각했어.❷** 일도 바쁜데 시험 공부 하느라 힘들었지?

おぉ～、すごい！ おめでとう！！**きっと受かると思ってた。❷** 仕事も忙しいのに、検定試験の勉強をするの大変だったでしょ。

고마워. 정말로 떨어졌을 거라 생각했는데, 나도 완전 놀람! **이것도 네 덕분이지 뭐.❸** 항상 도와줬잖아. 요새 동기부여가 안 되었는데, 이걸로 완전히 의욕 상승!

ありがとう。本当に落ちたと思ってたのに、自分でもかなりびっくり！**これもお前のおかげだよ。❸** いつも助けてくれたじゃん。最近モチベーション落ちてたから、これで俄然やる気出てきた！

다행이다. 그럼 합격 축하를 위해 **한 잔하러 갈까?❹**

良かった。じゃあ、合格祝いに **一杯飲みに行こうか？❹**

variations　»　バリエーション

❶「合格！」
합격!

안타깝게도 불합격이야.
残念ながら、不合格。

잘됐어.
うまくいったよ。

❷「きっと受かると思ってた」
분명 붙을 거라 생각했어.

분명히 잘될 거라고 생각했어.
きっとうまくいくって思ってた。

분명히 괜찮을 거라 생각했어.
きっと大丈夫だって思ってたよ。

❸「これもお前のおかげだよ」
이것도 네 덕분이지 뭐.

지금까지 열심히 해서 잘된 거지.
今まで頑張ってきたからうまくいったんだよ。

열심히 한 보람이 있었어.
頑張ったかいがあったよ。

❹「一杯飲みに行こうか？」
한잔하러 갈까?

건배하러 가자.
乾杯しに行こうよ。

한턱 낼게.
ごちそうするよ。

---

point ▶▶▶ ポイント

대박은、대박 나다や대박 터지다のような組み合わせで「大成功する」「大金を稼ぐ」「幸運が舞い込む」という意味になります。「大当たり、大ヒット」という意味でも使われ、さらに若い世代を中心に「すごい、やばい、最高」という意味でスラングのように使われます。うれしいとき、驚いたとき、唖然としたときなど、広い意味で使われます。

　　진짜 대박!　　（マジやばい）
　　대박인데?　　（やばいじゃん）

23 「もう連絡してこないで」よりを戻したいと提案する

別れ話を切り出され、よりを戻すために連絡をするのですが…。

왜 전화 안 받는 거야. 문자해도 답 없고. 부탁해. 다시 한 번 얘기하자.

どうして電話に出てくれないんだ。メールをしても返信がないし。頼む。もう一度話をしよう。

싫어. **더 이상 연락하지 마.❶** 전화도 문자도 됐어. **얼굴도 보기 싫어.❷**

イヤ。もう連絡してこないで。❶ 電話もメールもお断り。顔も見たくない。❷

도대체 왜 그러는 거야. 난 도무지 이해가 안 가. **한 번만 더 기회를 줘.❸**

一体どうしてなんだ。僕には全然理解できない。**もう一度だけチャンスをくれないか。❸**

그만해!❹ 싫다고 하잖아. 스스로 생각해 봐. 너랑은 이제 끝이야. 안녕.

しつこい！❹ イヤだって言ってるでしょ。自分の頭で考えれば？あなたとはもう終わり。さよなら。

variations » バリエーション

❶「もう連絡してこないで」
더 이상 연락하지 마.

참는 것도 이젠 한계야.
もう我慢の限界。

너랑은 더 이상 함께하고 싶지 않아.
あなたとはこれ以上一緒にいたくない。

❷「顔も見たくない」
얼굴도 보기 싫어.

말도 하기 싫어.
話もしたくない。

너한텐 이제 질렸어!
あなたには、もううんざり!

❸「もう一度だけチャンスをくれないか」
한 번만 더 기회를 줘.

너는 지금 뭔가 오해하고 있어.
君は今、何か誤解しているんだよ。

일방적으로 헤어지자니 너무한 거 아니야?
一方的に別れようなんて、あんまりじゃないか。

❹「しつこい!」
그만해!

이제 됐어.
もう十分。

이제 그만해.
もういい加減にして。

---

point ▶▶▶ ポイント

①더 이상 연락하지 마.（もう連絡してこないで）の-지 마は、禁止の表現です。丁寧な表現にする場合には、-지 마세요となります。
　　가지 마.　　　（行くな、行かないでくれ）
　　말 걸지 마.　（話しかけないで）
　　손대지 마세요.（手を触れないでください）

24 「風邪ひいちゃった」 体調を気遣う

ひどい風邪をひいた友達をいたわるメッセージです。

감기 걸렸어.❶ 꽤 심해서 오늘은 못 갈 것 같아. 미안.

風邪ひいちゃった。❶ かなりひどくて、今日は行けなさそう。ごめんね。

웬일이야. 괜찮아? **열은 없어?❷**

なんてこと。大丈夫？ **熱はないの？❷**

열은 38도 정도. **기침, 콧물이 멈추지 않아서….❸** 조금 자고나서 병원에 갔다오려고.

熱は38度くらい。**咳、鼻水が止まらなくて…。❸** ちょっと寝てから病院に行って来ようと思って。

이쪽 일은 괜찮아. 우선 푹 쉬고 **몸 잘 챙겨.❹** 뭐 필요한 거 있으면 언제든 연락해. 바로 갈 테니까.

こっちのことは大丈夫。まずはゆっくり休んで、**お大事に。❹** 何か必要な物があったら、いつでも連絡してね。飛んで行くから。

> variations » バリエーション

❶「風邪ひいちゃった」
감기 걸렸어.

독감에 걸려 버렸어.
インフルエンザにかかっちゃった。

꽃가루 알레르기가 있어.
花粉症なの。

❷「熱はないの？」
열은 없어?

약은 먹었어?
薬は飲んだ？

병원에는 갔어?
病院には行った？

❸「咳、鼻水が止まらなくて…」
기침, 콧물이 멈추지 않아서….

몸이 나른해.
体がだるい。

목이 아파.
喉が痛い。

❹「お大事に」
몸 잘 챙겨.

빨리 나았으면 좋겠다.
早く治るといいね。

조금이라도 편해지면 좋을 텐데.
少しでも楽になるといいのだけど。

---

point ▶▶▶ ポイント

●体調不良に関する表現

몸이 아프다	（具合が悪い）	머리가 아프다	（頭が痛い）
몸이 나른하다	（体がだるい）	콧물이 나다	（鼻水が出る）
열이 있다	（熱がある）	약을 먹다	（薬を飲む）
기침이 나다	（咳が出る）	병이 낫다	（病気が治る）

25 「添付ファイルが開かないよ」再送を依頼する

送られてきた添付ファイルが開けません。
別の方法で再送してくれるよう頼みます。

메일 고마워. 그런데 보내 준 메일에서 **첨부 파일이 안 열려.❶** 보통 워드 파일인 거지?

メールありがとう。でも、送ってくれたメールの**添付ファイルが開かないよ。❶** 普通のワードのファイルだよね?

그래? **이상하네.❷** 전에 보냈을 때는 괜찮았는데. **다시 한번 보내 볼까?❸**

あれ? おかしいな。❷ 前に送った時は大丈夫だったのに。もう一度送ろうか?❸

응. 혹시 모르니까 PDF로 해서 그것도 같이 보내 줘. 그럼 괜찮을 거야.

うん。念のため、PDFにしてそれも一緒に送って。そうすれば大丈夫だと思う。

알았어. 바로 다시 보낼게. **잠깐만 기다려.❹**

分かった。すぐに送り直すね。**ちょっと待ってて。❹**

variations » バリエーション

❶「添付ファイルが開かないよ」
첨부 파일이 안 열려.

보내 준 파일이 열리지 않아.
送ってくれたファイルが開かないの。

메일 문자가 깨진 것 같아.
メールが文字化けしているみたい。

❷「おかしいな」
이상하네.

왜 그러지?
なんでだろう？

그럴 리가.
そんなはずが。

❸「もう一度送ろうか？」
다시 한 번 보내 볼까?

압축 파일로 해서 다시 보낼까?
圧縮ファイルにして送り直そうか？

PDF로 하면 볼 수 있을까?
PDFにしたら見られるかな？

❹「ちょっと待ってて」
잠깐만 기다려.

15분 후에 다시 보낼게.
15分後に送り直すよ。

10분만 기다려.
10分待ってて。

---

point ▶▶▶ ポイント

● ワードに関する用語

새 페이지	新規作成	잘라내기	切り取り
저장	保存	복사	コピー
다른 이름으로 저장	名前を付けて保存	붙여넣기	貼り付け
인쇄	印刷	취소	元に戻す
인쇄 미리보기	印刷プレビュー		

26 「めっちゃかっこいい！」好きな人の噂をする

女子トークのテーマといえば、やっぱり…。

있잖아. 이상현 씨 어떻게 생각해? 멋있지 않아? **완전 내 타입이야.❶**

ねえ。イ・サンヒョンさんって、どう思う？ かっこよくない？ **ものすごく私のタイプなの。❶**

맞아. **진짜 잘생겼어.❷** 잘생긴 것뿐만 아니라 **친절하기도 하지.❸**

分かる。**めっちゃイケメン。❷** かっこいいだけじゃなくて、**優しくもあるよね。❸**

내 말이 그 말이야. 사귀어 보고 싶다~. 아무래도 무리겠지?

まさにそれ。付き合ってほしいな〜。さすがに無理だよね。

맘먹고 고백해 보지 그래?❹ 아무것도 안 하고 후회하는 것보다는 낫지 않아?

思い切って告白してみたら？❹ 何もしないで後悔するよりはいいんじゃない？

variations » バリエーション

❶ 「ものすごく私のタイプなの」
완전 내 타입이야.

꽤 인기 있지.
かなりもてるよね。

사귀는 사람 있을까?
付き合ってる人いるのかな？

❷ 「めっちゃイケメン」
진짜 잘생겼어.

멋있지.
素敵だよね。

완전 미남!
かなりのイケメン！

❸ 「優しくもあるよね」
친절하기도 하지.

성격이 좋아.
性格いいよね。

포용력이 있어서 같이 있으면 편안해.
包容力があって、一緒にいると落ち着く。

❹ 「思い切って告白してみたら？」
맘먹고 고백해 보지 그래?

식사라도 같이 하자고 슬며시 말해 보든가.
それとなく食事に誘ってみるとか。

한번 단둘이 만나 보든가.
一度、２人きりで会ってみるとか。

---

point ▶▶▶ ポイント

내 말이 그 말이야.（まさにそれ）は、直訳すると「私の言葉がその言葉だ」で「まったくだ」や「まさにその通りだ」というような同意を表す際に使われるフレーズ。내 말이だけの形でも使われます。

27 「楽しい週末を〜」
週末何をするのか話をする
友達と週末の予定を話し合います。

아, 피곤해. **이번 주도 열심히 달렸네.** ❶

ああ、疲れた。**今週も頑張ったわ。** ❶

수고했어. 이번 주는 정말 바빴지. **주말에는 뭐 할 거야?** ❷

お疲れ様。今週は本当に忙しかったね。**週末は何するの?** ❷

간만에 **집에서 뒹굴거리면서 쉴까 해.** ❸ 방도 좀 정리하고. 그리고 시간 나면 기분 전환하러 쇼핑이나 가고 싶네.

久しぶりに**家でゴロゴロしようかなって思って。** ❸ 部屋も少し片付けて。それで時間あったら、気晴らしに買い物でも行きたいな。

이번 주말은 날씨도 좋다고 하니까 청소든, 쇼핑이든 다 좋을 것 같아. **즐거운 주말 보내~.** ❹

今週末は天気も良さそうだから、掃除にせよ買い物にせよ良いかもね。**楽しい週末を〜。** ❹

variations　»　バリエーション

❶「今週も頑張ったわ」
이번 주도 열심히 달렸네.

거의 녹초야.
もうへとへと。

어떻게든 일이 잘 마무리 돼서 다행이야.
なんとか仕事が片付いてよかった。

❷「週末は何するの？」
주말에는 뭐 할 거야?

휴가는 어떻게 할 거야?
休暇はどうするの？

쉬는 날 무슨 일정 있어?
休みは何か予定あるの？

❸「家でゴロゴロしようかなって思って」
집에서 뒹굴거리면서 쉴까 해.

영화라도 보러 갈까.
映画でも見に行こうかな。

친구랑 만날 약속이 있어.
友達と会う約束があるんだ。

❹「楽しい週末を~」
즐거운 주말 보내~.

좋은 하루 보내.
良い1日を。

행복한 하루가 되기를….
幸せな1日になりますように…。

---

point ▶▶▶ ポイント

本文やバリエーションなどの「楽しい週末を」や「良い1日を」を丁寧な形にした表現は、次のようになります。メッセージの最後に書き添えてみてください。

즐거운 주말 보내세요.	（楽しい週末をお過ごしください）
주말 잘 보내세요.	（良い週末をお過ごしください）
좋은 하루 보내세요.	（良い1日をお過ごしください）
행복한 하루 되세요.	（幸せな1日になりますように）

ハングルの入力方法

　Windowsは「コントロールパネル」、Macは「システム環境設定」から、入力言語を韓国語に設定することができます。設定はお使いのOSによって違いますので、説明書やヘルプ機能を参照してください。

　ハングルのキーボードは、一般的には次のような配列になっており、基本的には左に子音、右に母音が集まっています。

■基本的な入力方法
　子音字→母音字の順番で入力します。パッチムがある場合には、さらに子音を入力します。

ㄱ ＋ ㅏ ➡ 가

合成母音などの場合

ㅐ、ㅔの場合　⇒　Shift を押しながらㅐ、ㅔを入力します。

Shift ＋ ㅐ ➡ ㅒ　　　Shift ＋ ㅔ ➡ ㅖ

それ以外の合成母音は、母音字を組み合わせます。

ㅗ ＋ ㅏ ➡ ㅘ

コラム2

濃音の場合

[Shift] を押しながらㄱ, ㄷ, ㅂ, ㅅ, ㅈを入力します。

[Shift] ✚ ㄱ ➡ ㄲ

例

다시

[ㄷ] [ㅏ] [ㅅ] [ㅣ]

고마워

[ㄱ] [ㅗ] [ㅁ] [ㅏ] [ㅇ] [ㅜ] [ㅓ]

안녕

[ㅇ] [ㅏ] [ㄴ] [ㄴ] [ㅕ] [ㅇ]

많이

[ㅁ] [ㅏ] [ㄴ] [ㅎ] [ㅇ] [ㅣ]

コラム3

よく使われる顔文字

(^ロ^)	笑	ㅇㅁㅇ;;	そんな
^ㅂ^	笑	ㅎ人ㅎ;	むむむ
^o^	笑	@ㅇ@응?	うん？
(^o^)~♬	楽し～い	-ㅁ-?	ん？
^ロ^/♡	うふ	-人-	しーん
v(^o^)	ピース	ㅜ人ㅜ	涙
(^ロ^)b	グッド	ㅇ人ㅇ	びっくり
＼(^ロ ^＼/^ロ^)/	バンザ～イ	OTL	orz
ー_ー	しーん		
ㅠㅠ	涙		
(ㅠ.ㅠ)	涙		
ㅠ_ㅠ	涙		
;ㅁ;	涙		
;人;	涙		
ㅠ人ㅠ	涙		

第3章
プライベートのメール

28 「お久しぶりです」 相手の近況を尋ねる

しばらく連絡していなかった友人へのメールです。

제목: 오래간만입니다.

이미희 씨에게

안녕하세요. **오래간만입니다.**❶ 잘 지내고 있어요?
그 동안 연락하지 못해서 미안해요. 가끔가다 미희 씨가 떠올라서 근황 보고도 할 겸 연락하고 싶었는데, 매일 너무 바빠서 정신없이 지내다 보니 시간이 이렇게 지나가 버렸어요.
저는 변함없이 잘 있어요.❷ 평일은 매일 일하러 가고 주말은 눈 깜짝할 사이에 지나가 버리고, 무얼 했는지 기억에도 없을 정도예요. 한국어 공부도 더욱 집중해서 하고 싶은데 당분간은 어려울 것 같아요.
미희 씨는 **잘 지내는 거죠?**❸ 다음에 같이 차라도 마시면서 느긋하게 이야기할 수 있으면 좋겠어요.❹
시간 날 때 답장 주시면 고맙겠어요. 그럼 건강하세요.

미호 드림

件名：お久しぶりです。

イ・ミヒさんへ
こんにちは。**お久しぶりです。**❶ お元気ですか？
その間、連絡できなくてごめんなさい。折に触れてはミヒさんのことを思い出して、ゆっくり近況報告も兼ねて連絡したいなと思っていたのに、毎日とても忙しくてバタバタしている間にこんなに時間がたってしまいました。
私の方は、相変わらず元気です。❷ 平日は毎日仕事に行って、週末はあっという間に過ぎてしまって、何をしたのか記憶にもないくらいです。韓国語の勉強も、もっと集中してやりたいのだけれど、しばらくは難しそうです。
ミヒさんの方は、**お元気ですよね？**❸ 今度、一緒にお茶でもしながらゆっくり話せたらいいですね。❹
時間がある時にでも、返信もらえたらうれしいです。それでは、お元気で。
美保より

variations ≫ バリエーション

❶「お久しぶりです」
오래간만입니다.

여전하시지요?
お変わりありませんか？

그 동안 어떻게 지내셨습니까?
その間、いかがお過ごしでしたか？

❷「私の方は、相変わらず元気です」
저는 변함없이 잘 있어요.

저는 잘 지내고 있어요.
私は元気です。

말씀드리고 싶은 소식이 있어요.
私の方は、お知らせしたいニュースがあります。

❸「お元気ですよね？」
잘 지내는 거죠?

일은 잘되고 있습니까?
仕事はうまくいっていますか？

어떠세요?
いかがですか？

❹「今度、一緒にお茶でもしながらゆっくり話せたらいいですね」
다음에 같이 차라도 마시면서 느긋하게 이야기할 수 있으면 좋겠어요.

다음에 식사라도 같이 하지 않겠어요?
今度、一緒に食事でもしませんか？

함께 보낸 시간이 너무 그리워요.
一緒に過ごした時間が、とても懐かしいです。

point ▶▶▶ ポイント

「お久しぶりです」は 오래간만입니다. あるいは 오래간만이에요. ですが、友人同士などの親しい間柄で使われる「久しぶり」のような表現には、次のようなものがあります。

  오랜만이야. (久しぶり)
  잘 지내? (元気？)
  잘 있어? (元気？)
  잘 지냈어? (元気だった？)

29 「メールありがとうございます」
近況報告

✉ 28のメールに返信します。

제목: RE: 오랜만입니다.

미호 씨에게

메일 고맙습니다.❶ 정말 오래간만이지요. 저를 기억해 주셔서 정말 기쁩니다. 저야말로 그 동안 연락하지 못해 죄송합니다. 미호 씨도 **여전히 바쁜 것 같군요.❷** 식사는 잘 챙겨 드시고 있나요? 항상 너무 열심히 사는 미호 씨라서 건강이라도 해치지 않을까 조금 걱정이 됩니다.
저는 지난달 **직장을 옮겼습니다.❸** 아직 익숙하지 않은 것 투성이지만, 새로운 환경에서 심기일전하고 있습니다. 게다가 이전 직장에 비해 집이랑 가까워져서, 통근시간도 짧아지고 좀 더 편해졌습니다.
직접 만나서 이런저런 이야기를 나누고 싶네요.❹
그럼 조만간 뵙게 되기를 기대하고 있겠습니다.
안녕히 계세요.

미희 드림

件名：RE:お久しぶりです。

美保さんへ

メールありがとうございます。❶ 本当に久しぶりですね。私のことを覚えていてくれてうれしいです。私の方こそ、その間連絡できなくてすみません。美保さんも**相変わらず忙しそうですね。❷** 食事はちゃんと食べていますか？ いつも頑張り屋さんの美保さんなので、体調を崩したりしていないか、ちょっと心配です。
私の方は、**先月転職しました。❸** まだ慣れないことだらけですが、新しい環境で心機一転です。それに、前の職場に比べて自宅から近くなったので通勤時間も短くなって、少し楽になりました。
会って、あれこれ近況を報告し合いたいですね。❹
それでは、近いうちに会えることを楽しみにしています。
それでは。
ミヒより

variations » バリエーション

❶「メールありがとうございます」
메일 고맙습니다.

연락 받고 매우 기뻤습니다.
連絡をもらえて、とてもうれしかったです。

메일 받고 매우 놀랐습니다.
メールを受け取って、とてもびっくりしました。

❷「相変わらず忙しそうですね」
여전히 바쁜 것 같군요.

항상 열심히 사시는군요.
いつも頑張っていますね。

힘들 것 같군요.
大変そうですね。

❸「転職しました」
직장을 옮겼습니다.

새로운 일을 찾고 있습니다.
新しい仕事を探しています。

지금 하는 일을 그만둘까 생각 중입니다.
今の仕事を辞めようかと思っています。

❹「会って、あれこれ近況を報告し合いたいですね」
직접 만나서 이런저런 이야기를 나누고 싶네요.

다음에 언제 만날 수 있을까요.
次はいつ会えるでしょうね。

한국에 올 일이 생기면 알려 주세요.
韓国に来る予定ができたら教えてくださいね。

---

point ▶▶▶ ポイント

このメールのような内容を、親しい間柄で使われる 반말（パンマル）で書くと、次のようになります。

안녕. 오랜만이야. 잘 지내? 그 동안 연락 못 해서 미안해. 내가 직장을 옮겨서 정신이 없었어. 다음에 시간 날 때 차 한잔 하는 거 어때? 오랜만에 보고 싶어.

久しぶり。元気？　ずっと連絡できなくてごめん。私、転職してバタバタしていたんだ。今度、時間のある時にお茶でもどう？　久しぶりに会いたいな。

30 「返事がないので心配しています」
メールの返信がなく心配する

返信がない友人に再度メールします。

제목: 괜찮아?

유미 언니에게

언니 안녕. 잘 지내?
며칠 전에 메일 보냈는데, **답장이 없으니까 조금 걱정이 되네.❶** 괜찮아?
그냥 바빠서 답장 못 하는 거면 괜찮은데.❷ 조금 걱정이 돼서❸ 다시 한 번 메일 보내. 내가 걱정이 많잖아(^&^) 혹시 뭐 곤란한 일 있으면 어려워 말고 나한테 얘기해 줘.
언니 **시간 가능할 때 답장 주면 고맙고.❹**
그럼 연락 기다릴게.
건강 잘 챙기고요~.

아키코 드림

件名：大丈夫？

ユミオンニへ

オンニ、こんにちは。元気？
何日か前にメールをしたのだけど、**返信がないから少し心配になって。❶** 大丈夫？
ただ忙しくて返信できないのならいいのだけど。❷ ちょっと心配になって、またメールしたの。❸ 私ったら、心配性(^^ゞ もし何か困っていることがあったら、遠慮なく私に話してね。
オンニの時間の大丈夫な時に、返信もらえたらうれしいです。❹
それでは、連絡待っています。
元気でね～。
明子より

variations » バリエーション

❶「返信がないから少し心配になって」
답장이 없으니까 조금 걱정이 되네.

연락이 없어서 걱정하고 있어요.
連絡がないので心配しています。

소식이 없어서 걱정하고 있습니다.
音信がないので心配しています。

❷「ただ忙しくて返信できないのならいいのだけど」
그냥 바빠서 답장 못 하는 거면 괜찮은데.

아무 일 없으면 좋을 텐데.
何事もなければいいのだけど。

혹시 메일이 가지 않았을지도 모르겠네.
もしかしたらメールが届いていないのかもしれないね。

❸「ちょっと心配になって、またメールしたの」
조금 걱정이 돼서 다시 한 번 메일 보내.

조금 신경이 쓰여서 연락했어.
ちょっと気になって連絡したの。

어떻게 지내는지 궁금해서 전화했어.
どうしてるか気になって電話したの。

❹「時間の大丈夫な時に、返信もらえたらうれしいです」
시간 가능할 때 답장 주면 고맙고.

짧아도 괜찮으니까 답장 줘.
短くてもいいから返信ちょうだい。

간단해도 괜찮으니까 메일 보내 줘.
簡単にでいいからメール送って。

point ▶▶▶ ポイント

걱정이 되다（心配になる）の되다に-아/어が付いた形は、되어あるいは돼です。돼は되어の縮約形です。-아/어요が付くと、되어요又は돼요となります。過去形は、되었어요あるいは됐어요です。되어は文語体で、돼は口語体で多用される傾向がありますが、必ずというわけではありません。

31 「返事が遅くなってごめんね」 お詫びする

メールの返信が遅くなってしまったことをお詫びします。

◯ 제목: 답장 늦어서 미안

아키코에게

안녕. 메일 잘 받았어.❶ 답장 늦어서 미안.❷ 평소 같았으면 짧더라도 바로 답신 했었으니까 걱정했겠네.
나는 괜찮아. 실은 회사 일이랑 개인적인 일 모두 조금씩 트러블이 생겨서 **숨 쉴 틈도 없이 바빴어.**❸ 하필 이럴 때 감기까지 걸려서 말이야. 바쁠 때나 문제 생겼을 때는 왜 그런지 안 좋은 일이 겹치는 것 같아.
지금은 좀 나아졌어. 메일 보낼 여유도 생겼으니까.
아무튼 지금은 건강하니까 너무 걱정하지는 마.
연락 자주 할게.❹ 그럼 안녕.

유미

件名：返事が遅くなってごめんね

明子へ

元気？　メール無事に受け取ったよ。❶　返事が遅くなってごめんね。❷　いつもだったら、短くてもすぐに返信しているから、心配かけちゃったね。
私の方は大丈夫。実は、仕事でもプライベートでもちょっとトラブルがあって、**息つく暇もなかったんだ。**❸　そんな時に限って風邪までひいちゃって。忙しいときやトラブルが起こったときって、なぜか不思議と良くないことが重なるみたい。
今はだいぶ落ち着いたよ。メール送る余裕もできたから。
何はともあれ今は元気だから、あまり心配はしないで。
またちょくちょく連絡するね。❹　それじゃ。
ユミ

variations » バリエーション

❶「メール無事に受け取ったよ」
메일 잘 받았어.

메일 잘 도착했어.
メール、ちゃんと届いてるよ。

메일 확인이 늦었어.
メールを確認するのが遅くなっちゃった。

❷「返事が遅くなってごめんね」
답장 늦어서 미안.

연락 못해서 미안.
連絡できなくてごめん。

걱정해 줘서 고마워.
心配してくれてありがとう。

❸「息つく暇もなかったんだ」
숨 쉴 틈도 없이 바빴어.

무아지경이었어.
無我夢中だったんだ。

일이 많이 힘들었어.
仕事がとても大変だったんだ。

❹「またちょくちょく連絡するね」
연락 자주 할게.

다음부터는 바로 답장할 수 있도록 할게.
次からは、すぐに返信できるようにするね。

또 연락해. 기다릴게.
また連絡して。待ってるね。

point ▶▶▶ ポイント

메일 잘 받았어.（メール無事に受け取ったよ）の잘は、「よく、うまく、十分に、確かに、無事に、正しく」などの意味を持ち、多様な表現に使われます。잘の後ろに続くものや文脈によって訳し分ける必要があります。

잘 있어요.（元気です）
잘 들으세요.（よく聞いてください）
이야기 재미있게 잘 들었어요.（お話、楽しく聞かせてもらいました）
잘 먹었어요.（ごちそうさまでした）

32 「みんなで盛り上がりましょう」
招待する

友人たちを誕生日パーティーに招待します。

제목: 생일 파티를 합니다!

여러분

다들 건강하십니까? 오늘은 김민수의 생일파티 개최 건에 관하여 알려 드리고자 여러분들에게 이렇게 메일을 보냅니다. 10월 26일은 민수의 26세 생일입니다. **다 함께 성대하게 축하해 줍시다.**❶ 그런데 그날이 수요일이라 **일정이 안 되는 분도 있을 거라 생각합니다.**❷ 다른 날이 좋으신 분들은 일찍 말씀해 주세요.❸ 음식점은 7시부터 예약하려고 합니다. 참가 가능한 분들은 **이번 주 중으로 답장 부탁드려요.**❹
참고로 음식점 주소는 이쪽을 확인해 주세요. www.example.com
그럼 많은 분들의 참석을 기다리겠습니다.

마코토 드림

件名：誕生日パーティーをします！

皆さん

皆さん、お元気ですか？　今日はキム・ミンスの誕生日パーティーの開催の件についてお知らせしたく、皆さんにこのようにメールをお送りしました。10月26日はミンスの26歳の誕生日です。**みんなで盛り上がりましょう。**❶
ですが、その日は水曜日なので、**都合のつかない方もいると思います。**❷　ほかの日がいい方は、早めに仰ってください。❸　お店は7時から予約しようと思っています。参加できそうな方は、今週中に返信よろしくお願いします。❹
参考までに、お店のアドレスはこちらを参考にしてください。www.example.com
それでは、たくさんの参加をお待ちしております。
真琴より

3 プライベートのメール

variations » バリエーション

❶「みんなで盛り上がりましょう」
다 함께 성대하게 축하해 줍시다.

다 같이 한잔하러 갑시다.
みんなで飲みに行きましょう。

함께 축하해 주지 않겠어요?
一緒にお祝いしませんか?

❷「都合のつかない方もいると思います」
일정이 안 되는 분도 있을 거라 생각합니다.

여러분들의 상황은 어떠십니까?
皆さんの都合はいかがですか?

그날 일정은 비어 있습니까?
その日は予定空いていますか?

❸「ほかの日がいい方は、早めに仰ってください」
다른 날이 좋으신 분 들은 일찍 말씀해 주세요.

혹시 힘들다든가 다른 날이 좋으면 연락해 주세요.
もし無理だとか、ほかの日が良ければ連絡してください。

다른 요구사항이 있으면 부담 없이 말씀해 주세요.
ほかの希望があったら、気軽に仰ってください。

❹「今週中に返信よろしくお願いします」
이번 주 중으로 답장 부탁드려요.

꼭 참석해 주세요.
ぜひ、出席してください。

어떻게든 시간을 내서 와 주면 좋겠어요.
なんとか都合をつけて来てくれたらうれしいです。

point ▶▶▶ ポイント

バリエーションの一部を、親しい間柄で使われる반말(パンマル)で書くと、次のようになります。

그날 일정 비어 있어? (その日は予定空いてる?)
혹시 힘들다든가 다른 날이 좋으면 연락해 줘. (もし無理だとか、ほかの日が良ければ連絡して)
다른 요구사항이 있으면 부담 없이 말해 줘. (何か希望があったら、気軽に言って)
꼭 참석해. (ぜひ、出席して)
어떻게든 시간을 내서 와 주면 좋겠어. (なんとか都合をつけて来てくれたらうれしい)

33 「招待してくれてありがとう」
招待を受ける

招待を受ける返信をします。

제목: RE:생일 파티를 합니다!

마코토에게

생일 파티에 나도 **초대해 줘서 고마워.**❶ **물론 참석이지!**❷ 모두 다 함께 축하해 주자.
작년 파티도 재미있었는데 그 후로 벌써 1년이나 지났네. 진짜 눈 깜짝할 사이다.
당일은 **직접 모임 장소로 갈 생각이야.**❸ 근데 어쩌면 조금 늦을지도 몰라. 일 하나를 해결하고 가야 해서. **가능한 한 빨리 갈게.**❹
그럼 26일에 보자. 다른 사람들하고 만나는 것도 기대된다.

박정현

件名:RE:誕生日パーティーを開きます!

真琴へ
誕生日パーティーに私も**招待してくれてありがとう。**❶ もちろん参加で!❷ みんなで一緒にお祝いしてあげよう。
去年のパーティーも盛り上がったけど、あれからもう1年もたったんだね。本当にあっという間。
当日は**直接、集まりの場所に向かうつもり。**❸ でも、もしかしたら少し遅れるかもしれない。用事を一つ済ませてから行かなくちゃならなくて。**できるだけ早く行くから。**❹
じゃあ、26日に会おうね。ほかのみんなと会えるのも楽しみ。
パク・チョンヒョン

variations » バリエーション

❶「招待してくれてありがとう」
초대해 줘서 고마워.

불러 줘서 고마워.
呼んでくれてありがとう。

초청 받아서 영광입니다.
お招きいただけて光栄です。

❷「もちろん参加で！」
물론 참석이지!

기쁜 마음으로 참가하겠습니다.
喜んで参加します。

꼭 불러 주세요.
ぜひ、呼んでください。

❸「直接、集まりの場所に向かうつもり」
직접 모임 장소로 갈 생각이야.

가게 앞에서 모이면 될까?
お店の前に集合でいいのかな？

어디서 만나기로 할까?
どこで待ち合わせる？

❹「できるだけ早く行くから」
가능한 한 빨리 갈게.

일 끝나는 대로 갈게.
仕事が終わり次第向かうね。

먼저 건배하고 시작하고 있어.
先に乾杯して始めていてね。

---

point ▶▶▶ ポイント

韓国の家庭でよく食卓に上がる미역국は、出産後の体に良いという理由で産後に多く飲まれることから、誕生日の朝にも、この미역국を飲む習慣があります。そのため、誕生日の人に対して미역국은 먹었어?（わかめスープは食べた？）と尋ねたりもします。普段、料理をしない旦那さんが誕生日にだけは미역국を作ってくれたりもするのだそうです。ちなみに子供が生まれて100日目や1歳の誕生日には、백설기（うるち米の粉だけを蒸して作る真っ白なお餅）がお祝いの定番です。

34 「残念ですが参加できません」
招待を断る

招待を断る返信をします。

제목: RE: 생일 파티 합니다.

마코토에게

생일 파티에 초대해 줘서 고마워. 진짜 가고 싶은데 **그날은 출장이라 지방에 있어.❶ 아쉽지만 이번에는 참가하기 어렵겠다.❷** 미안. 민수에게는 **출장 다녀와서 따로 축하해 준다고 전해 줘.❸** 다른 사람들도 못 봐서 아쉽네. **내 몫까지 즐겁게 보내.❹**

준영이가

件名：RE:誕生日パーティーを開きます！

真琴へ
誕生日パーティーに招待してくれてありがとう。本当に行きたいのだけど、その日は出張で地方にいるんだ。❶　残念だけど、今回は参加できなさそう。❷　ごめん。ミンスには、出張に行って来てから改めてお祝いするって伝えて。❸　みんなにも会えなくて残念。俺の分も楽しんで。❹
チュニョンより

variations » バリエーション

❶「その日は出張で地方にいるんだ」
그날은 출장이라 지방에 있어.

그날은 회의 때문에 못 가.
その日は会議で行けないんだ。

그날따라 일이 있어.
その日に限って用事があるんだ。

❷「残念だけど、今回は参加できなさそう」
아쉽지만 이번에는 참가하기 어렵겠다.

참석하지 못해서 아쉽다.
出席できなくて残念。

함께할 수 없을 것 같습니다.
ご一緒できそうにありません。

❸「出張に行って来てから改めてお祝いするって伝えて」
출장 다녀와서 따로 축하해 준다고 전해 줘.

생일 축하한다고 전해 줘.
誕生日おめでとうと伝えて。

이번에 못 간 거에 대해서는 나중에 따로 챙겨 준다고 전해 줘.
今回行けなかった分の埋め合わせは必ずするって伝えて。

❹「俺の分も楽しんで」
내 몫까지 즐겁게 보내.

다른 사람들에게도 안부 전해 줘.
みんなにもよろしく伝えて。

사진 찍어 보내 줘.
写真を撮って送って。

---

point ▶▶▶ ポイント

出欠席についての丁寧な表現を、いくつか紹介します。
　　참석하겠습니다. （参加します）
　　참가할게요. （参加しますね）
　　꼭 갈게요. （絶対に行きますね）
　　이번에는 못 가요. （今回は行けません）
　　그날은 참석하기 어렵습니다. （その日は参加できません）

35 「とても楽しかったよ」 招待のお礼を伝える

招かれたパーティーのお礼を伝えます。

제목: 정말 즐거웠어!

마코토에게

무사히 돌아갔어?❶ 나는 막차 타고 간신히 집에 왔어. 근데 숙취로 머리가 지끈지끈하다.
어제는 민수도 **정말 즐거웠다고 좋아했지.❷ 멋진 기획 고마워.❸** 네 덕분에 다른 사람들과도 오랜만에 만나고, 함께 즐거운 시간을 보낼 수 있었어. 땡큐~. 처음 보는 사람도 있었는데 모두 좋은 사람 같아 보이더라. **마치 이전부터 알고 지냈던 사이 같이 말이야.❹** 다음에 또, 다 같이 모이자.
페이스북에 사진 올렸어. 태그해 둘 테니까 '좋아요' 부탁!(^^)
그럼 안녕.

이찬호

件名:とても楽しかったよ!

真琴へ
無事に帰れた?❶ 僕は終電でなんとか帰れたよ。でも、二日酔いで頭がガンガンする。
昨日はミンスもとても楽しかったって喜んでたね。❷ **素晴らしい企画をありがとう。❸** 君のおかげで、みんなとも久しぶりに会えたし、一緒に楽しい時間を過ごすことができたよ。サンキュー。初めて会った人もいたけど、みんないい人そうだった。**まるで前からの友達みたいだったよ。❹** 今度またみんなで集まろうよ。
フェイスブックに写真をアップしたよ。タグ付けしておくから、「イイネ!」をよろしく!(^^)
じゃあね。
イ・チャンホ

variations » バリエーション

❶「無事に帰れた？」
무사히 돌아갔어?

막차 탈 수 있었어?
終電には乗れた？

집에 잘 도착했어?
ちゃんと家に着いた？

❷「とても楽しかったって喜んでたね」
정말 즐거웠다고 좋아했지.

완전 즐거웠어.
最高に楽しかったよ。

만나서 반가웠어.
会えてうれしかった。

❸「素晴らしい企画をありがとう」
멋진 기획 고마워.

잊지 못할 추억 고마워.
忘れられない思い出をありがとう。

즐거운 시간 만들어 줘서 고마워.
楽しい時間を作ってくれてありがとう。

❹「まるで前からの友達みたいだったよ」
마치 이전부터 알고 지냈던 사이 같이 말이야.

모두 금방 친해졌어.
すぐみんなと仲良くなれた。

이전부터 알고 있는 사람 같아서 이상한 기분이 들었어.
前から知っている人みたいで、不思議な感じがした。

---

point ▶▶▶ ポイント

● フェイスブックの用語

イイネ！	좋아요	友達リクエスト	친구요청
コメント	댓글달기	友達になる	친구추가
タグ付け	태그하기	シェア	공유하기

36 「プレゼントありがとう」
贈り物のお礼を伝える

出産祝いのプレゼントのお礼を伝えます。

○ 제목: 정말 고마워

난영이에게

난영아, 안녕.
멋진 **출산 선물 잘 받았어. 고마워.**❶ 한국에서 소포가 와서 이건 뭐지 했는데 난영이한테 온 선물인 걸 알고 정말 감동했어. **정말 예쁜 아기 옷이야.**❷ 바로 입혀 보니 우리 아기에게 너무 잘 어울리더라.❸ 메일로 사진 첨부할게. 진짜 귀엽지? (^^) 나도 역시 딸 바보~.
요즘은 처음 해 보는 육아와 수면 부족으로 매우 힘든 나날을 보내고 있어. 그래도 남편이 열심히 도와주고 있어서 그럭저럭 버틸 만은 해. 게다가 아기가 이렇게 예쁜지 몰랐어. 힘들어도 아기 얼굴을 보면 피곤이 싹 날아간다니까.
다음에 일본에 오게 되면 우리 아이 보러 놀러 와.❹ 기다릴게.
그럼 또 연락할게. 잘 지내~.

지아키

件名：本当にありがとう

ナヨンへ
ナヨン、元気？
素敵な出産祝いを無事に受け取ったよ。ありがとう。❶　韓国から荷物が届いて、何だろうって思ったら、ナヨンからのお祝いで本当に感動した。**とてもかわいい子供服ね。**❷　さっそく着せてみたら、うちの子にすごく似合ってた。❸　写真をメールに添付するね。本当にかわいいでしょ？(^^)　私ったら親バカ～。
最近は、初めての子育てと寝不足で本当に大変な毎日を送ってる。でも、夫が頑張って手伝ってくれてるからなんとか頑張れてる。それに子供がこんなにかわいいなんて、知らなかった。大変でも赤ちゃんの顔を見ると疲れが吹き飛ぶんだから。
今度、日本に来たらうちの子に会いに遊びに来てね。❹　待ってるから。
それでは、また連絡するね。元気で～。
千秋

3 プライベートのメール

variations　»　バリエーション

❶「出産祝いを無事に受け取ったよ。ありがとう」
출산 선물 잘 받았어. 고마워.

생일 선물 고마워.
誕生日プレゼントをありがとう。

축하 메시지 고마워.
お祝いのメッセージをありがとう。

❷「とてもかわいい子供服ね」
정말 예쁜 아기 옷이야.

이런 거 갖고 싶었어.
こういうのが欲しかったの。

정말 기뻤어.
とてもうれしかった。

❸「さっそく着せてみたら、うちの子にすごく似合ってた」
바로 입혀 보니 우리 아기에게 너무 잘 어울리더라.

바로 꾸몄어.
さっそく飾ったよ。

가족 모두에게 자랑했어.
家族みんなに自慢しちゃった。

❹「今度、日本に来たらうちの子に会いに遊びに来てね」
다음에 일본에 오게 되면 우리 아이 보러 놀러 와.

다시 만날 날을 기대하고 있을게.
また会える日を、楽しみにしているね。

다음엔 내가 놀러 갈게. 기다려.
次は私が遊びに行くね。待ってて。

---

point ▶▶▶ ポイント

待ち遠しい場合の「楽しみ」
기다려지다（待ち遠しい）벌써부터 기다려지네요.（今から待ち遠しいですね（楽しみですね））

期待する場合の「楽しみ」
①기대하다（期待する）다음 공연 기대할게요.（次の公演、期待しています（楽しみにしています））
②기대(가) 되다（期待される）너무 기대되네요.（とても期待されますね（楽しみですね））

37 「韓国に行く予定です」
旅行の予定を知らせる

友人に韓国旅行について知らせます。

○ 제목: 한국에 갑니다.

지연 언니에게

언니, 안녕하세요? 저는 잘 있어요.
오늘은 언니에게 **알리고 싶은 게 있어서 메일 씁니다.**❶
갑자기 휴가를 받게 돼서 한국 여행을 가기로 했어요. 다음 달 초순경 예정인데 **그때 언니는 어떠세요?**❷ **혹시 바쁘지 않으면 꼭 만났으면 해요.**❸ 이번 방문에서는 관광보다는 보통의 한국 생활을 느껴 보고 싶어요.
실례가 아니라면 언니 상황을 알려 주세요.❹
그럼 또 연락할게요.

아키코 드림

件名：韓国に行きます。

チヨンオンニへ
オンニ、元気ですか？　私は元気です。
今日は、オンニに**お知らせたいことがあってメールしました。**❶
急遽お休みが取れることになったので、韓国に旅行に行くことにしました。来月の初旬ごろの予定なのだけど、**そのころオンニの都合はどうですか？**❷　**もし忙しくなかったら、ぜひ会えたらと思います。**❸　今回の旅行では観光よりは、普段の韓国生活を感じてみたいなと思っています。
迷惑でなかったら、オンニの都合を教えてください。❹
それでは、また連絡しますね。
明子より

variations » バリエーション

❶「お知らせたいことがあってメールしました」
알리고 싶은 게 있어서 메일 씁니다.

실은 매우 중요한 공지사항이 있습니다.
実は、とても大切なお知らせがあります。

들어 봐. 빅뉴스가 있어!
聞いて。ビッグニュースがあるの！

❷「そのころオンニの都合はどうですか？」
그때 언니는 어떠세요?

그때쯤은 바쁜가요?
そのころは忙しいですか？

그때쯤에 시간 있어요?
そのころに時間ありますか？

❸「もし忙しくなかったら、ぜひ会えたらと思います」
혹시 바쁘지 않으면 꼭 만났으면 해요.

별 일 없으면 만나고 싶어요.
都合がついたら、会いたいです。

시간 있으면 만날 수 있을까요?
時間があったら、会えませんか？

❹「迷惑でなかったら、オンニの都合を教えてください」
실례가 아니라면 언니 상황을 알려 주세요.

만날 수 있는지 없는지 알려 주세요.
会えるかどうか教えてください。

가능하면 일정을 알려 주세요.
できたら、予定を教えてください。

point ▶▶▶ ポイント

日本語の「都合」は、文脈や状況によって韓国語訳が変化します。
　　いつがご都合よろしいでしょうか？　　　언제가 좋으세요?
　　都合の良い所で会いしましょう。　　　　편한 곳에서 만나요.
　　いつでもご都合の良い時にお電話ください。언제든지 괜찮으실 때 전화 주세요.
　　今日は都合が悪くて行けません。　　　　오늘은 사정이 생겨서 못 가요.

38 「楽しみにしているね」
訪問を喜ぶ

✉37 に返信し、友人の訪問を喜びます。

제목: RE: 한국에 갑니다.

아키코, 오랜만이야. 잘 지내?
메일 고마워. 오랜만에 한국에 오는 거지? **정말 기쁜 소식이다.** ❶
한국에 있는 동안은 계속 서울에 있을 예정이야? **호텔은 잡았어?** ❷
혹시 괜찮으면 우리 집에 머물러도 돼. 며칠간 있어도 되고, 나는 괜찮으니까 부담 안 가져도 돼. **일정 정해지면 알려 줘.** ❸ 나도 가능하면 며칠간 비워 둘게. **뭐 하고 싶은 거 있는지도 생각해 보고.** ❹
이번엔 인천공항으로 와? 아니면 김포공항? 짐 많으면 데리러 갈게.
다시 본다니 너무 좋다.
그럼 안녕.

임지연

件名：RE: 韓国に行きます。

明子、久しぶり。元気だった？
メールありがとう。久しぶりに韓国に来るんだよね？　**とてもうれしい知らせ。**❶
韓国にいる間は、ずっとソウルにいる予定？　**ホテルは取った？**❷　もしよかったら、うちに泊まってもいいよ。何泊してもいいし、私は大丈夫だから気軽にどうぞ。　**日程が決まったら教えてね。**❸　私の方も、できたら何日か空けておくから。何かしたいことがあるかも、考えておいてね。❹
今回は、仁川空港に着くの？　それとも金浦空港？　荷物が多いなら迎えに行くよ。
再会を楽しみにしてる。
じゃあ、またね。
イム・チヨン

variations » バリエーション

❶「とてもうれしい知らせ」
정말 기쁜 소식이다.

오랜만에 아키코를 만나게 된다니, 정말 기뻐.
久しぶりに明子に会えるなんて、すごくうれしい。

몇 년 만이지?
何年ぶり？

❷「ホテルは取った？」
호텔은 잡았어?

며칠 있을 거야?
何日いるの？

여기 있을 동안 무슨 예정 있어?
こちらにいる間の予定は何かあるの？

❸「日程が決まったら教えてね」
일정 정해지면 알려 줘.

일정 잡히면 알려 줘.
日程が決まったら教えて。

항공권 사면 알려 줘.
航空券を買ったら教えてね。

❹「何かしたいことがあるかも、考えておいてね」
뭐 하고 싶은 거 있는지도 생각해 보고.

뭐 먹고 싶은 거는 있어?
何か食べたい物はある？

어디 가고 싶은 데는 있어?
どこか行きたい所はある？

---

point ▶▶▶ ポイント

잡다(つかむ)は、「決める、定める、取る」という意味もあり、ホテルや日程などを決めるというときにも使われます。잡히다(つかまれる)は日程やスケジュールが決まるというときにも使われます。

  자리를 잡다　　（席を取る）
  호텔을 잡다　　（ホテルを取る）
  날짜를 잡다　　（日程を決める）
  일정이 잡히다, 일정이 정해지다　　（日程が決まる）
  스케줄이 잡히다　　（スケジュールが決まる）

39 「行けなくなってしまいました」
予定の延期・中止

今回の旅行の予定がキャンセルになったことを伝えます。

○ 제목: 일정 변경이 생겼습니다.

이민영 씨

안녕하세요.
급하게 연락드립니다. 이번 달로 예정되어 있었던 한국여행을 갈 수 없게 되었습니다. 저를 위해 이것저것 계획해 주셨는데 죄송합니다. **사실, 업무적으로 큰 트러블이 생겨서 이번 달엔 여행을 떠나기 어려울 것 같습니다.**❶ 다시 만날 것을 기대하고 있었는데 아쉽게 되었습니다.❷ 정말 죄송합니다. 문제를 빨리 해결하고 **다음 달이라도 갈 수 있도록 해 보겠습니다.**❸ 일정이 확정되면 다시 연락드리겠습니다.❹
갑자기 이런 메일을 보내게 된 점, 다시 한 번 사과 말씀드립니다.

이노우에 교코 드림

件名：日程が変更になりました。
イ・ミニョンさん
こんにちは。
急なお知らせです。今月に予定していた韓国旅行に行けなくなってしまいました。私のためにあれこれ計画を立ててくださったのに、申し訳ありません。
実は、仕事で大きなトラブルがあり、今月中は旅行に出るのが難しそうなのです。❶ またお会いできるのを楽しみにしていたので、残念です。❷ 本当に申し訳ないです。トラブルを早く解決して、**来月にでも行けるようにしたいと思っています。**❸ 日程が確定したら、また連絡します。❹
急にこんなメールを送ることになってしまったことを、改めてお詫びします。
井上京子より

variations » バリエーション

❶「仕事で大きなトラブルがあり、今月中は旅行に出るのが難しそうなのです」
업무적으로 큰 트러블이 생겨서 이번 달엔 여행을 떠나기 어려울 것 같습니다.

딱 그 시기에 출장을 가게 되었습니다.
ちょうどその時期に出張が入ってしまいました。

갑자기 상황이 어렵게 되었습니다.
急に都合がつかなくなってしまいました。

❷「またお会いできるのを楽しみにしていたので、残念です」
다시 만날 것을 기대하고 있었는데 아쉽게 되었습니다.

민영 씨와 만날 수 없게 되어 매우 아쉽습니다.
ミニョンさんと会えなくなってしまい、とても残念です。

다음 달에는 꼭 가겠습니다.
来月は、きっと行きます。

❸「来月にでも行けるようにしたいと思っています」
다음 달이라도 갈 수 있도록 해 보겠습니다.

중지할 수밖에 없게 되었습니다.
中止するしかなくなってしまいました。

취소해야 합니다.
キャンセルしなくてはなりません。

❹「日程が確定したら、また連絡します」
일정이 확정되면 다시 연락드리겠습니다.

상황이 안정되면 다시 연락드리겠습니다.
状況が落ち着いたら、また連絡します。

일정이 잡히는 대로 메일로 연락하겠습니다.
日程が決まり次第、メールで連絡します。

point ▶▶▶ ポイント

● -게 되다 (~するようになる、~になる、~くなる)
　내년부터 한국에서 일하게 됐습니다. (来年から韓国で働くことになりました)
　한글을 읽을 수 있게 됐어요. (ハングルを読めるようになりました)
　이사를 가게 되었어요. (引っ越すことになりました)
　드디어 결혼하게 되었어요. (ついに結婚することになりました)
　어떻게 된 거예요? (どうなっているんですか?)

40 「お世話になりました」
お世話になったお礼を伝える

韓国滞在中にお世話になった人にお礼を伝えます。

○ 제목: 무사히 귀국하였습니다.

이민영 씨

안녕하세요.
저는 조금 전에 **무사히 동경에 돌아왔습니다.**❶ 비행기 출발은 조금 늦었습니다만, 그 밖에는 모두 순조로웠습니다. **오늘 오후까지는 분명 서울에 있었는데, 지금은 동경 자택에 있는 게 정말 신기하고 이상한 기분입니다.**❷
서울에 있는 동안은 신세 많이 졌습니다. 민영 씨 덕분에 정말 알찬 시간을 보낼 수 있었습니다. 민영 씨 도움이 없었다면 **어찌 되었을지 모르겠습니다.**❸ 맛있는 것도 많이 먹고 구경도 많이 하고, **잊을 수 없는 추억이 되었습니다.**❹
다음에 일본에 올 일 있으면 꼭 연락 주세요. 그 때는 제가 안내하겠습니다.
가족 분들께도 안부 전해 주세요.
그럼, 건강하세요.

이노우에 교코 드림

件名：無事に帰国しました。

イ・ミニョンさん
こんにちは。
私の方は先ほど**無事、東京に帰ってきました。**❶　飛行機の出発は少し遅れましたが、そのほかはすべてスムーズでした。今日の午後までは確かにソウルにいたのに、**今はもう東京の自宅だというのがなんだか不思議な感じです。**❷
ソウル滞在中は、本当にお世話になりました。ミニョンさんのおかげで、とても充実した時間を過ごすことができました。ミニョンさんの助けがなかったら、**どうなっていたか分かりません。**❸
美味しい物もたくさん食べて、観光もたくさんして、**忘れられない思い出になりました。**❹
今度、日本に来ることがあったら、ぜひ教えてくださいね。その時は、私が案内します。
ご家族のみなさんにもよろしくお伝えください。それでは、お元気で。
井上京子より

variations » バリエーション

❶「無事、東京に帰ってきました」
무사히 동경에 돌아왔습니다.

무사히 집에 도착했습니다.
無事、家に着きました。

이제야 집에 막 도착했습니다.
やっと家に着いたところです。

❷「今日の午後までは確かにソウルにいたのに、今はもう東京の自宅だというのがなんだか不思議な感じです」
오늘 오후까지는 분명 서울에 있었는데, 지금은 동경 자택에 있는 게 정말 신기하고 이상한 기분입니다.

집에 도착하니 피곤이 확 몰려 오네요.
家に着いたら、疲れがどっと出てきました。

의외로 피곤하지 않네요.
思いのほか疲れていません。

❸「どうなっていたか分かりません」
어찌 되었을지 모르겠습니다.

분명히 그만큼은 즐길 수 없었을 거라 생각합니다.
きっとあんなには楽しめなかったと思います。

그렇게 여기저기 많이 다니는 건 불가능했을 거라 생각합니다.
あんなにあちこちたくさん行くことはできなかったと思います。

❹「忘れられない思い出になりました」
잊을 수 없는 추억이 되었습니다.

사진도 많이 찍을 수 있었습니다.
写真もたくさん撮ることができました。

가 보고 싶었던 곳에 갈 수 있었습니다.
行ってみたかった所に行くことができました。

point ▶▶▶ ポイント

お世話になった人へのメッセージには、감사합니다. (ありがとうございました) 以外にも、次のようなフレーズを使うといいでしょう。

신세 많이 졌습니다. (大変お世話になりました)
뭐라고 감사를 드려야 할지 모르겠습니다. (何と感謝したらいいのか分かりません)
덕분에 즐거운 시간을 보낼 수 있었습니다. (おかげさまで楽しい時間を過ごすことができました)

41 「お願いがあるんだけど」
頼み事をする①

友人にお願いのメールを送ります。

○ 제목: 부탁!

선우에게

잘 지내? 나는 잘 있어. 전엔 바쁘다고 하더니만 지금은 괜찮아졌어?

실은 한가지 부탁하고 싶은 게 있어서 메일 쓰고 있어.❶ 거래처에 한국어로 메일 보낼 일이 생겼어. 내 나름대로 쓸 수 있는 만큼 쓰긴 했는데, 역시 자신이 없네.

혹시 가능하면 내가 쓴 문장을 체크해 줄 수 있어?❷ 꼼꼼히 안 보고 대강만 봐 줘도 되는데. **바쁠 텐데 귀찮은 일 부탁해서 미안.**❸ 힘들 것 같으면 그냥 거절해도 괜찮아. **그래도 조금이라도 봐 주면 정말 고맙겠어.**❹ 그럼 연락 기다릴게.

마나미

件名：お願い！

ソヌへ

元気？　私は元気だよ。前は忙しいって言っていたけど、今は落ち着いた？

実は、一つお願いしたいことがあってメールしたの。❶　取引先に韓国語でメールを送らなきゃならなくなってしまったの。自分なりにできるところまで書いてみたのだけど、やっぱり自信がなくて。

もしできたら、私の書いた文章をチェックしてもらえないかな？❷　細かく見ないで、ざっと見てくれてもいいから。**忙しいだろうに、面倒なことを頼んでしまってごめんね。**❸　無理そうならそのまま断ってくれていいから。でも、**少しでも見てもらえたら、とても助かる。**❹　じゃあ、連絡待っているね。

真奈美

variations » バリエーション

❶「実は、一つお願いしたいことがあってメールしたの」
실은 한가지 부탁하고 싶은 게 있어서 메일 쓰고 있어.

실은 부탁이 있어서 메일 써.
実は、頼みがあってメールしたの。

도움 받고 싶은 게 있어서 메일 쓰는 중이야.
助けてほしいことがあってメールしたの。

❷「もしできたら、私の書いた文章をチェックしてもらえないかな?」
혹시 가능하면 내가 쓴 문장을 체크해 줄 수 있어?

혹시 가능하면 도와줄 수 있어?
もしできたら、手伝ってもらえないかな?

정말 미안한데 대신 물어봐 줄 수 있어?
本当に申し訳ないのだけど、代わりに問い合わせてみてもらえないかな?

❸「忙しいだろうに、面倒なことを頼んでしまってごめんね」
바쁠 텐데 귀찮은 일 부탁해서 미안.

귀찮게 해서 미안해.
煩わせてしまって、ごめんね。

매번 부탁만 해서 미안.
いつもお願い事ばかりでごめん。

❹「でも、少しでも見てもらえたら、とても助かる」
그래도 조금이라도 봐 주면 정말 고맙겠어.

부탁할 사람이 선우밖에 없어.
頼めるのはソヌだけなんだ。

혹시 일본어 관련해서 내가 도울 수 있는 게 있으면 알려 줘.
もし日本語のことで、私が手伝えることがあったら知らせてね。

point ▶▶▶ ポイント

日本語では、あいさつのように「よろしくお願いします」という表現を使いますが、韓国語では頼み事があるときにのみ使われる傾向があります。「お願い、頼み」という意味の부탁の例には、次のようなものがあります。「頼まれる」は부탁을 받다となります。

부탁해. (お願い、頼む)　　　부탁해요. (お願いします)
잘 부탁합니다. (よろしくお願いします)　잘 부탁드리겠습니다. (よろしくお願いいたします)
부탁 받고 하게 되었습니다. (頼まれて、やることになりました)

42 「相談したいことがあります」
悩みの相談

友人に悩みの相談をします。

제목: 상담하고 싶은 게 있어요.

유진 언니에게

언니, 잘 있어요?
한국에서 유학생활을 시작한 지 벌써 1개월이 지났어요. 아침부터 밤까지 한국어로 생활하는 건 처음이라 역시 힘들어요 ㅠ.ㅠ 아직 모든 게 익숙하지 않지만 매일 열심히 살고 있어요.
언니, 그런데 저 **요새 고민이 하나 있어요.❶** 실은 신경 쓰이는 사람이 한 명 생겼어요. 친구의 친구이고 아직 몇 번 만난 적은 없는데, 요새 자꾸 나도 모르게 그 사람을 생각하고 있는 제 자신을 발견하게 돼요. 아직 인사만 하는 단계라서 한번 만나서 얘기라도 해 보고 싶은데 한국어 실력이 이렇다 보니 자신이 없어요.
어떡하면 좋을까요?❷ 내가 먼저 말을 걸면 이상할까요? **일본과 한국이 달라서 잘 모르겠어요.❸** 어떡해요 정말~. **언니 의견을 말해 주면 고맙겠어요.❹** 시간 나면 답장 부탁해요.

하루카

件名：相談したいことがあります。

ユジンオンニへ

オンニ、元気ですか？
韓国での留学生活が始まってもう1カ月がたちました。朝から晩まで韓国語で生活をするのは初めてで、さすがにへとへと（T_T）まだ慣れないことばかりだけど、毎日頑張っています。
ところでオンニ、私最近、一つ**悩みがあります。❶** 実は、1人気になる人ができたの。友達の友達で、まだ何回かしか会ったことはないのだけど、このごろは気付いたらいつもその人のことを考えちゃうの。まだあいさつするだけの段階だから、一度会って話しでもしてみたいと思うのだけど、韓国語がこんなだから自信がないの。
どうしたらいいと思う？❷ 私から話しかけたら変かな？ **日本と韓国は違うから、よく分からなくて。❸** もう、どうしよう〜。**オンニの意見を聞かせてもらえたらうれしいです。❹** 時間ができたら、返信よろしくです。

遥

variations » バリエーション

❶「最近、一つ悩みがあります」
요새 고민이 하나 있어요.

좀 상담하고 싶은 게 있어요.
ちょっと相談したいことがあります。

실은 곤란한 일이 생겼어요.
実は、困ったことが起こりました。

❷「どうしたらいいと思う？」（→思いますか？）
어떡하면 좋을까요?

언니라면 어떻게 하겠어요?
オンニだったら、どうする？（→どうしますか？）

내가 어떻게 해야 할까요?
私はどうするべきだと思う？

❸「日本と韓国は違うから、よく分からなくて」（→よく分かりません）
일본과 한국이 달라서 잘 모르겠어요.

이건 문화의 차이인가?
これは文化の違いなのかな？

한국과 일본은 사고 방식이 다른 것인가.
韓国と日本は、考え方が違うのかな？

❹「オンニの意見を聞かせてもらえたらうれしいです」
언니 의견을 말해 주면 고맙겠어요.

무슨 조언이라도 해 주겠어요?
何かアドバイスをしてもらえませんか？

언니 생각은 어때요?
オンニの考えはどう？（→どうですか？）

---

point ▶▶▶ ポイント

「相談」にあたる韓国語には、논의、상담、상의、의논があります。〈　〉は韓国語の漢字表記。
- 논의〈論議〉　논의의 여지가 없다.（議論の余地がない）
- 상담〈相談〉　진학 상담을 했다.（進学相談をした）
- 상의〈相議〉　부모님과 상의를 했다.（両親と相談をした）
　　　　　　 상의드릴 게 있습니다.（ご相談したいことがあります）
- 의논〈議論〉　의논을 거듭했다.（議論を重ねた）

43 「…してみるのはどう？」 アドバイスする

42 の相談メールに返信します。

제목: RE: 상담하고 싶은 게 있어요.

하루카에게

안녕. **메일 잘 봤어.❶** 한국 생활에 조금씩 익숙해져 가는 것 같아서 다행이다.
신경 쓰이는 사람이 생겼다니 정말 깜짝 놀랐어.❷ 어떤 사람이야? 잘생겼어?(^^) 하루카가 신경 쓸 정도라면 분명 멋진 사람이겠지. 그 사람 연락처는 알아? **우선 같이 아는 친구한테 부탁해서 함께 만나 보는 건 어때?❸** 그때 연락처를 물어보는 것도 좋을 것 같아. 한국어는 신경 안 써도 돼. 하루카의 한국어 실력이면 충분하고, 중요한 건 마음이니까. 사랑에 국경은 없다고 하잖아. ㅎㅎ
하루카가 좋아하는 사람 나도 만나 보고 싶다.
잘되라고 응원할게.❹

김유진

件名：RE: 相談したいことがあります。

遥へ

元気？　**メール読んだよ。❶**　韓国の生活に、少しずつ慣れてきているみたいでよかった。
気になる人ができたって聞いて、本当にびっくりした。❷　どんな人？　かっこいい(^^)？　遥が気になるくらいなんだから、きっと素敵な人なんだろうね。
彼の連絡先は知ってるの？　**まずは共通の友達に頼んで一緒に会ってみるのはどう？❸**　その時に連絡先を聞いてみるのもいいと思うよ。韓国語のことは、気にしなくていいよ。遥の韓国語の実力なら十分だし、大切なのは気持ちだから。愛に国境はないって言うじゃない？（笑）
遥の好きな人、私も会ってみたいな。
うまくいくように応援しているね。❹
キム・ユジン

variations » バリエーション

❶「メール読んだよ」
메일 잘 봤어.

나에게 상담해 줘서 고마워.
私に相談してくれてありがとう。

믿어 줘서 고마워.
信じてくれてありがとう。

❷「気になる人ができたって聞いて、本当にびっくりした」
신경 쓰이는 사람이 생겼다니 정말 깜짝 놀랐어.

그 기분, 잘 알아.
その気持ち、よく分かる。

매우 고민스럽겠구나.
とても悩ましいね。

❸「まずは共通の友達に頼んで一緒に会ってみるのはどう?」
우선 같이 아는 친구한테 부탁해서 함께 만나 보는 건 어때?

먼저 적극적으로 행동해 보는 것도 좋을 것 같아.
まず積極的に行動してみるのもいいと思うよ。

한번 냉정하게 다시 생각하는 편이 좋을 것 같아.
一度、冷静に考え直した方がいいと思うよ。

❹「うまくいくように応援しているね」
잘되라고 응원할게.

조금은 도움이 되었을까?
少しは役に立てたかな?

분명히 잘될 거야.
きっとうまくいくよ。

---

point ▶▶▶ ポイント

「~してみるのはどう?」は-아/어 보는 건 어때?、丁寧な形は-아/어 보는 건 어때요?
あるいは-아/어 보는 것은 어떻습니까?です。
　　한번 차라도 마시자고 해 보는 건 어때? (一度お茶にでも誘ってみたらどう?)
　　직접 만들어 보는 건 어때요? (手作りしてみるのはどうですか?)
　　여행을 떠나 보는 것은 어떻습니까? (旅行に出てみるのはどうですか?)

44 「…してもらえないでしょうか？」 頼み事をする②

知人に情報を尋ねます。

제목: 부탁이 있습니다.

장광일 씨에게

안녕하세요. 오래간만입니다. 잘 지내세요?
실은 오늘 부탁하고 싶은 게 있어 연락드립니다.
이번 연휴에 친구가 엄마와 함께 한국 여행을 간다고 합니다. 친구와 그 엄마 둘 다 한국어는 못 합니다. 두 사람은 '환상 속의 왕'이라는 사극 드라마에 나왔던 촬영지를 가 보고 싶어 하는데, **그 드라마 촬영지에 대해 혹시 뭐 아시는 거 있습니까?**❶
그리고 한국에서 그 지역 사람들이 좋아하는 가게에서 식사를 하고 싶어 하는데, **어디 괜찮은 곳 있나요?**❷ 갑자기 이런 질문을 드려 죄송합니다. **혹시 무언가 알고 있는 정보가 있으면 알려 주실 수 있으신가요?**❸
마음 같아서는 저도 함께 가고 싶지만, 이번에는 상황이 어렵게 되었습니다. **조언해 주시면 정말 감사하겠습니다.**❹ 잘 부탁드립니다.

에리 드림

件名：お願いがあります。

チャン・グァンイルさんへ
こんにちは。お久しぶりです。お元気ですか？
実は今日はお願いしたいことがあって、連絡しました。
今度の連休に、友人がお母さんと一緒に韓国に旅行に行くそうなんです。友人もそのお母さんも2人とも韓国語はできません。2人は「幻の王」という時代劇のドラマに出ていたロケ地へ行ってみたいそうなのですが、**そのドラマのロケ地について何か知りませんか？**❶
それに、韓国で地元の人に人気のあるお店で食事をしてみたいそうなのですが、**どこか良い所はありますか？**❷ 突然こんな質問をしてしまって、ごめんなさい。**もし何か知っている情報があったら教えてもらえないでしょうか？**❸
本当なら私も一緒に行きたかったのですが、今回は都合がつかなくなってしまいました。**アドバイスいただけたらありがたいです。**❹ どうぞよろしくお願いします。
恵里より

variations » バリエーション

❶「そのドラマのロケ地について何か知りませんか？」
그 드라마 촬영지에 대해 혹시 뭐 아시는 거 있습니까?

볼 만한 장소는 있습니까?
見ておいた方がいい場所はありますか？

추천하는 장소는 있습니까?
おススメの場所はありますか？

❷「どこか良い所はありますか？」
어디 괜찮은 곳 있나요?

잘 아는 가게는 있습니까?
よく知っているお店はありますか？

뭐 알고 계십니까?
何かご存知ですか？

❸「もし何か知っている情報があったら教えてもらえないでしょうか？」
혹시 무언가 알고 있는 정보가 있으면 알려 주실 수 있으신가요?

예약해 주시겠어요?
予約してもらえませんか？

대신 연락해 주시겠어요?
代わりに連絡してもらえませんか？

❹「アドバイスいただけたらありがたいです」
조언해 주시면 정말 감사하겠습니다.

도와주시면 감사하겠습니다.
手伝っていただけたらありがたいです。

부디 협력해 주세요.
どうか協力してください。

---

point ▶▶▶ ポイント

「〜していただけないでしょうか？」は - 아 / 어 주실 수 있으신가요？です。
　　그 서류 좀 보여 주실 수 있으신가요？（その書類、ちょっと見せていただけないでしょうか？）
　　좀 도와주실 수 있으신가요？（ちょっと手伝っていただけないでしょうか？）
　　저한테 한국어를 가르쳐 주실 수 있으신가요？（私に韓国語を教えていただけないでしょうか？）

45 「分かりました」頼みを引き受ける

✉ 44 に返信し、頼みを引き受けます。

제목: RE: 부탁이 있습니다.

에리 씨

안녕하세요. 메일 잘 보았습니다. 건강하신 듯해서 다행입니다. 친구분하고 그 어머님이 한국 여행을 오시는군요. 대환영입니다. **일정은 다 정해졌습니까?❶**
드라마 촬영지에 가고 싶고, 맛있는 가게에서의 식사가 희망사항이군요. **잘 알겠습니다.❷** 혹시 일정상 문제가 없다면 제가 안내해 드릴까 하는데 어떠신가요? 저는 괜찮으니까 부담 안 가지셔도 됩니다. 항상 에리 씨에겐 신세를 많이 졌으니까요.
일정하고 숙박 호텔명을 알려 주시면 제가 어떻게든 해 보겠습니다.❸ 그것만 알려 주세요.
그럼 연락 기다리고 있겠습니다.❹

장광일

件名:RE:お願いがあります。

恵里さん
こんにちは。メール拝読しました。お元気そうで何よりです。
ご友人とそのお母様が韓国旅行に来られるんですね。大歓迎です。**日程はすべて決まっていますか?❶**
ドラマのロケ地に行ってみたいのと、美味しいお店での食事が希望なのですよね。**よく分かりました。❷** もし日程的に問題がなければ、私がご案内しようかと思うのですが、いかがでしょうか? 私の方は大丈夫なので、お気になさらないでください。いつも恵里さんにはお世話になっていますからね。
日程と、泊まるホテルの名前を教えてもらえれば、私が何とかします。❸ それだけ知らせてください。
それでは、連絡待っていますね。❹
チャン・グァンイル

variations » バリエーション

❶「日程はすべて決まっていますか？」
일정은 다 정해졌습니까?

자세한 내용은 정해졌습니까?
詳細は決まっていますか？

한국은 처음인가요?
韓国は初めてなのでしょうか？

❷「よく分かりました」
잘 알겠습니다.

제 쪽은 문제 없습니다.
私の方は問題ありません。

저에게 맡겨 주세요.
私に任せてください。

❸「日程と、泊まるホテルの名前を教えてもらえれば、私が何とかします」
일정하고 숙박 호텔명을 알려 주시면 제가 어떻게든 해 보겠습니다.

언제까지 필요한지 알려 주세요. 그때까지는 보내겠습니다.
いつまでに必要か教えてください。それまでには送ります。

마감일은 정해져 있습니까? 거기에 맞추어 진행하겠습니다.
締め切りは決まっていますか？　それに間に合わせて進めたいと思います。

❹「それでは、連絡待っていますね」
그럼 연락 기다리고 있겠습니다.

제가 도와드릴 테니 안심하세요.
私がお手伝いしますから、安心してください。

분명히 잘될 거예요. 괜찮아요.
きっとうまくいきますよ。大丈夫です。

---

point ▶▶▶ ポイント

저에게 맡겨 주세요.(私に任せてください)の맡기다(任せる、委ねる)には、「預ける」という意味もあります。

　　운을 하늘에 맡기다 (運を天に任せる)
　　전권을 맡기다 (全権を委ねる)
　　돈을 은행에 맡기다 (お金を銀行に預ける)
　　짐을 맡기다 (荷物を預ける)

46 「残念ながら…」 頼みを断る

✉ 44 に返信し、頼まれたことを断ります。

○ 제목: RE: 부탁이 있습니다.

에리 씨에게

안녕하세요. 메일 고맙습니다.
친구분하고 그 어머님이 한국 여행을 오시는군요. 가능하면 에리 씨의 힘이 되어 주고 싶지만, **안타깝게도 이번에는 도와 드리기 어렵습니다.**❶ 실은 업무상 반년 정도 서울을 떠나 있게 되었습니다. **힘이 되어 드리지 못해서 죄송합니다.**❷ 제가 서울에 있어서 직접 안내해 드렸으면 좋았을 텐데 말이죠.
대신 **한국에서 자주 사용하는 정보 사이트 링크를 걸어 두겠습니다.**❸ 검색란에 키워드를 넣으면 자세한 정보가 나옵니다. 참고 삼아 사용해 보시기 바랍니다.
www.koreannetxxxxx.com
그 밖에도 모르는 것이 있으면 다시 연락 주세요.❹
그럼 이만 줄입니다.

장광일

件名：RE:お願いがあります。
恵里さんへ
こんにちは。メールありがとうございました。
お友達と、そのお母様が韓国に旅行にいらっしゃるのですね。できれば恵里さんの力になりたいのですが、**残念ながら今回はお手伝いすることができません。**❶ 実は、仕事の都合で半年ほどソウルを離れることになりました。**お力になることができなくて、すみません。**❷ 私がソウルにいて、直接案内して差し上げられたらよかったのですが。
代わりに、**韓国でよく使う情報サイトへのリンクを貼っておきます。**❸ 検索欄にキーワードを入れると、詳しい情報が出てきます。参考までに使ってみてくださいね。
www.koreannetxxxxx.com
ほかにも分からないことがあったら、また連絡ください。❹
それでは、これにて。
チャン・グァンイル

variations » バリエーション

❶ 「残念ながら今回はお手伝いすることができません」
안타깝게도 이번에는 도와 드리기 어렵습니다.

이번에는 힘이 되어 드리지 못합니다.
今回はお力になることができません。

안타깝지만 형편이 안 됩니다.
残念ですが、都合がつきません。

❷ 「お力になることができなくて、すみません」
힘이 되어 드리지 못해서 죄송합니다.

힘이 되어 주지 못해서 미안합니다.
力になってあげられなくて、ごめんなさい。

도와주지 못해서 미안.
手伝えなくて、ごめん。

❸ 「韓国でよく使う情報サイトへのリンクを貼っておきます」
한국에서 자주 사용하는 정보 사이트 링크를 걸어 두겠습니다.

제 친구를 소개합니다.
私の友人を紹介します。

제 후배에게 부탁을 해 볼까요?
私の後輩に頼んでみましょうか？

❹ 「ほかにも分からないことがあったら、また連絡ください」
그 밖에도 모르는 것이 있으면 다시 연락 주세요.

좋은 여행이 되기를 바랍니다.
良い旅行になることを願っています。

즐거운 여행이 되면 좋겠어요.
楽しい旅行になるといいですね。

point ▶▶▶ ポイント

「断る」は거절하다、「断られた」は거절 당했다です。断るときの表現には、次のようなものがあります。

괜찮아요. (大丈夫です)　　　　됐어요. (結構です)
필요 없어요. (必要ありません)　　사양하겠습니다. (遠慮します)
일이 좀 있어서요. (ちょっと用事があって)
시간이 좀 없어서요. (ちょっと時間がなくて)

47 「結婚します」
結婚の報告

友人に結婚が決まったことを知らせ、挙式に招待します。

○ 제목: 결혼합니다!

에미 님, 다케시 님

안녕하세요. 연말은 어떻게 잘 보내셨나요? 오늘은 한 가지 기쁜 소식을 알려 드리고자 메일 보냅니다.
드디어 올 봄에 제가 **결혼합니다!** ❶ 아직 실감은 잘 나지 않습니다. 결혼 준비하느라 요새 바쁘게 지내기는 하지만 매우 행복합니다.
결혼식은 서울에서 올릴 예정입니다. **괜찮으시다면 두 분 와 주실 수 있나요?** ❷ 두 분 다 멀리 계시고, 휴가 내기도 힘들 수 있겠지만, 오셔서 자리를 빛내 주신다면 정말 기쁠 것 같습니다.
날짜는 3월 10일 입니다. 참석 가능하시다면 추후에 다시 청첩장을 보내겠습니다. **참석 여부를 알려 주시면 감사하겠습니다.** ❸ 그리고 **혹시 참석 못하신다 해도 괜찮습니다.** ❹ 다음에 한국에 오시게 되면 그때 신부를 인사시켜 드리겠습니다.
그럼 연락 기다리고 있겠습니다.

김세훈

件名:結婚します！

絵美さん、武史さん
こんにちは。良い年末を過ごされましたか？　今日は、一つうれしいニュースをお知らせしたく、メールしました。
今度の春に、ついに私、**結婚します！** ❶　まだ実感がわきません。結婚の準備をするのに最近は忙しく過ごしてはいますが、とても幸せです。
結婚式はソウルで挙げる予定です。**よかったらお2人で来てくれませんか？** ❷　2人とも遠くにいらっしゃるし、休みを取るのも大変かもしれませんが、来てくださったらとてもうれしいです。
日取りは3月10日です。出席される場合には、後日改めて招待状を送ります。**出席の可否を教えてもらえたらありがたいです。** ❸　それに、**もし出席できないとしても、大丈夫です。** ❹　次に韓国に来ることになったら、その時に妻を紹介しますね。
それでは、連絡お待ちしております。
キム・セフン

variations　»　バリエーション

❶「結婚します！」
결혼합니다!

전부터 사귀었던 사람과 드디어 결혼하게 되었습니다.
以前からお付き合いしていた人と、ついに結婚することになりました。

사랑하는 그 사람과 결혼하기로 했습니다.
大好きな彼と、結婚することにしました。

❷「よかったらお２人で来てくれませんか？」
괜찮으시다면 두 분 와 주실 수 있나요?

두 분은 꼭 참석해 주셨으면 합니다.
２人にはぜひ出席してほしいです。

두 분이 참석해 주신다면 매우 기쁠 것 같습니다.
２人に出席してもらえたら、とてもうれしいです。

❸「出席の可否を教えてもらえたらありがたいです」
참석 여부를 알려 주시면 감사하겠습니다.

주소를 알려 주세요.
住所を教えてください。

참석 가능한지 연락 주세요.
出席できるか連絡ください。

❹「もし出席できないとしても、大丈夫です」
혹시 참석 못하신다 해도 괜찮습니다.

무리하지 않으셔도 됩니다.
無理はしなくても大丈夫です。

상황이 어려우면 참석하지 않으셔도 괜찮습니다.
都合がつかなければ、出席されなくても大丈夫です。

point ▶▶▶ ポイント

韓国の結婚式の招待状は、式の約１カ月前ごろに届くことが多いようです。（「93.結婚しました」参照）韓国の結婚式は、日本と違う点も多くあります。参列するときの服装は日本より気楽に捉えてよく、男性も白いネクタイを着用する必要がありません。民族衣装である韓服は親族が着るものなので避けた方がいいでしょう。以前は結婚式の後に友人たちと日本でいう二次会のような会をする場合が多かったのですが、最近では行わないケースが増えました。その代わりに新郎新婦がそれぞれの友人に別途お茶代やお酒代を渡すことがあります。

48 「結婚おめでとう」 友人の結婚を祝う

47 に返信します。結婚を祝福し、式の招待を受けます。

제목: 결혼 축하 드립니다.

김세훈 씨

안녕하세요. 메일 고맙습니다.
그리고 무엇보다도 먼저 **결혼을 진심으로 축하합니다.**❶ 세훈 씨 메일을 받고 마치 내 일처럼 기뻤습니다. 우리 결혼식에 와 주었을 때 다음은 세훈 씨 순서라고 말했던 것이 현실이 되었네요. **결혼 상대방은 어떤 사람입니까?**❷ 세훈 씨가 선택한 사람이니까 분명히 멋진 사람이겠지요. 빨리 만나 보고 싶네요.
결혼식에는 물론 참석하겠습니다.❸ **벌써부터 매우 기대됩니다.**❹ 청첩장 기다리고 있겠습니다.
부디 행복하세요.

에미・다케시

件名：ご結婚おめでとうございます。

キム・セフンさん
こんにちは。メールありがとうございます。
そして何よりも先に、ご結婚、本当におめでとうございます。❶　セフンさんからのメールをもらって、まるで自分のことのようにうれしかったです。私たちの結婚式に来てくれた時に、次はセフンさんの番ですねって話していたことが実現しましたね。お相手はどんな人ですか？❷　セフンさんの選んだ人だから、きっと素敵な人に違いありませんね。早く会ってみたいです。
結婚式にはもちろん出席します。❸　今からとても楽しみにしています。❹　招待状お待ちしていますね。
どうぞお幸せに。
絵美・武史

variations » バリエーション

❶「ご結婚、本当におめでとうございます」
결혼을 진심으로 축하합니다.

마음 깊이 축하드립니다.
心からお祝い申し上げます。

축하해!
おめでとう！

❷「お相手はどんな人ですか？」
결혼 상대방은 어떤 사람입니까?

두 사람은 어떻게 만났습니까.
２人はどうやって出会ったのですか？

프로포즈는 어떻게 했습니까?
プロポーズはどうしたんですか？

❸「結婚式にはもちろん出席します」
결혼식에는 물론 참석하겠습니다.

초대해 주셔서 감사합니다.
招待してくださって、ありがとうございます。

초대 받아서 매우 기쁩니다.
お招きいただけて、とてもうれしいです。

❹「今からとても楽しみにしています」
벌써부터 매우 기대됩니다.

다시 만나게 될 날이 벌써부터 몹시 기다려집니다.
また会える日が、今からとても待ち遠しいです。

지금부터 학수고대하고 있겠습니다.
今から首を長くして待っています。

point ▶▶▶ ポイント

韓国の結婚式に参列する際には、日本と同様にまず受付でご祝儀を渡し、芳名録に名前を記入します。新郎新婦の友人は、ご祝儀を受付でなく新郎新婦に直接渡すこともあります。日本と違うのは、ご祝儀袋はなくご祝儀はその場でお財布から現金を出し、受付にある白い封筒に入れて渡してもよいという点と、式の後の食事で使う食券が配られる点が挙げられます。もちろんご祝儀は事前に封筒に入れて持参しても構いませんが、袱紗（ふくさ）などは使用しません。

49 「子供が生まれました」
出産報告

友人に子供が生まれたことを報告します。

제목: 아기가 태어났어요~

유진에게

잘 지내? 빅 뉴스가 있어. **드디어 아기가 태어났어!❶ 진짜 힘들었는데 무사히 출산해서 정말 다행이야(^^).❷** 임신 중에도 걱정해 줘서 고마워. 덕분에 마음 든든했어. 3.8kg의 튼실한 아기야. 이름은 아직 못 정했어. 후보 몇 개 만들어 놓은 게 있어서 남편하고 상의해서 이번 주 중으로 정할 생각이야. 평생 쓸 이름이라서 정말 고민되네. **아기는 아주 건강해.❸** 아직 뭐라고 말하긴 힘들지만 **눈 주위는 나를 닮았고 입 주위는 아빠를 닮은 것 같아.❹** 사진도 첨부해서 함께 보낼게. 일본에 오면 아기 보러 꼭 와!
그럼 이만. 잘 지내~.

구미코

件名：子供が生まれました~

ユジンへ

元気？　ビッグニュースがあるの。**ついに、赤ちゃんが生まれたよ！❶**　本当に大変だったけど、**無事に産まれて本当に良かった(^^)。❷**　妊娠中も心配してくれてありがとう。おかげで心強かったよ。3,800グラムの大きな赤ちゃんです。名前はまだ決まっていないの。候補をいくつかあげてあるから、夫と相談して今週中には決めるつもり。一生使う名前だから、本当に迷っちゃう。**赤ちゃんはとても元気だよ。❸**　まだ何とも言えないのだけど、**目元は私に似ていて、口元はパパに似ているみたい。❹**　写真も添付して一緒に送るね。日本に来たら、赤ちゃんにぜひ会いに来て！
それじゃ、このへんで。元気でね~。
久美子より

3　プライベートのメール

variations　≫　バリエーション

❶「ついに、赤ちゃんが生まれたよ！」
드디어 아기가 태어났어!

우리 집에 새 가족이 생겼어요!
我が家に、新しい家族が増えました！

어제 무사히 출산했습니다.
昨日、無事に出産しました。

❷「本当に大変だったけど、無事に産まれて本当に良かった」
진짜 힘들었는데 무사히 출산해서 정말 다행이야.

예정일을 지났지만 순산했습니다.
予定日を過ぎたけれど、安産でした。

급하게 제왕절개를 했지만 산모와 아기 모두 무사합니다.
急遽、帝王切開になったけど、母子ともに無事です。

❸「赤ちゃんはとても元気だよ」
아기는 아주 건강해.

아기는 남자애야.
赤ちゃんは男の子だよ。

아기는 여자애야.
赤ちゃんは女の子だよ。

❹「目元は私に似ていて、口元はパパに似ているみたい」
눈 주위는 나를 닮았고 입 주위는 아빠를 닮은 것 같아.

나를 닮았어요.
私に似ています。

아빠랑 똑같아.
パパとそっくり。

---

point ▶▶▶ ポイント

「パパとそっくり」という表現は、ほかにもいろいろな表現があります。
　　　아빠하고 똑같아.
　　　아빠를 쏙 닮았어.
　　　아빠 판박이야.
　　　아빠를 빼다 박았어.
　　　아빠랑 붕어빵이야.

50 「出産おめでとう！」
子供の誕生を祝う

✉ 49 に返信し、子供の誕生を祝福します。

제목: RE: 아기가 태어났어요~

엄마가 된 구미코에게

메일 고마워. **기다리고 기다리던 소식을 들어서 날아갈 듯이 기뻐.❶** 정말 축하해! 그리고 고생했어. 큰일 해냈다. 산후조리 잘하고 **편하게 쉬어.❷** 아기 이름도 예쁘게 지어 주고.
사진 봤어. 정말 예쁜 아기야. 이렇게 예쁘니 아기 아빠는 얼마나 좋아하겠어. **사진으로 보니 너랑 똑 닮았다.❸** 빨리 만나 보고 싶다. **축하 선물로 뭐 필요한 거 있어?❹**
새로운 가족에게 앞으로 행복과 축복이 항상 함께하기를 기원할게~!

김유진

件名: RE: 子供が生まれました~
ママになった久美子へ
メールありがとう。待ちに待った知らせを聞いて、飛び上がるくらいうれしい。❶　本当におめでとう！　そしてお疲れ様。大仕事をやりとげたね。産後の体を大切にしてゆっくり休んでね。❷ 赤ちゃんの名前もかわいいのを付けてあげてね。
写真、見たよ。本当にかわいい赤ちゃんだね。こんなにかわいいんだから、パパはものすごくうれしいだろうね。写真で見ると、あなたにそっくり。❸　早く会いたいな。お祝いのプレゼントに何か必要な物ある？❹
新しい家族に、これからたくさんの祝福と幸せが訪れますように~！
キム・ユジン

variations » バリエーション

❶「待ちに待った知らせを聞いて、飛び上がるくらいうれしい」
기다리고 기다리던 소식을 들어서 날아갈 듯이 기뻐.

매우 기쁜 소식이야.
とてもうれしいニュース。

새로운 가족이 한 명 늘었네.
新しい家族が1人増えたんだね。

❷「ゆっくり休んでね」
편하게 쉬어.

몸은 괜찮아?
体調は大丈夫?

힘들었을 텐데 무리하지 말고 지내.
大変だったと思うけど、無理しないでてね。

❸「写真で見ると、あなたにそっくり」
사진으로 보니 너랑 똑 닮았다.

사진에서 본 느낌은 아빠를 쏙 빼 닮았네.
写真で見た感じだと、パパとうり二つだね。

아무래도 양쪽 다 닮은 것 같아.
なんだか、どちらにも似ている気がする。

❹「お祝いのプレゼントに何か必要な物ある?」
축하 선물로 뭐 필요한 거 있어?

축하 선물로 뭐가 좋은지 알려 줘.
お祝いのプレゼントに何がいいか教えてね。

약소하지만 축하 선물 보낼게.
ささやかながら、お祝いを贈るね。

point ▶▶▶ ポイント

メール本文の아기 아빠는 얼마나 좋아하겠어. (パパはものすごくうれしいだろうね)を直訳すると「赤ちゃんのパパはどれほどうれしがるだろうね」となります。この좋아하다は「好きだ、好む」という意味のほかに、「うれしがる、喜ぶ」という意味があります。

언니는 예쁘다는 말을 들어서 정말 좋아했다. (姉はきれいだと言われて、本当に喜んだ)
내가 시험에 붙으니 부모님이 정말 좋아하셨다. (私が試験に受かって、両親は本当に喜んだ)

51 「お大事に」
病気の友人を気遣う

友人が体調が悪いと聞き、お見舞いのメールを送ります。

○ 제목: 몸 괜찮아요?

혜진 언니에게

언니 오늘 회사 못 나온 것 같은데, 괜찮아요?
이전부터 몸이 안 좋다고 해서 걱정이 돼요. **지금은 어때요?❶** 요새 피로가 많이 쌓였었나 봐요.❷ 아프면 참지 말고 **병원에 꼭 가세요.❸**
지금은 건강 회복할 때까지 무리하지 말고 **푹 쉬어요.❹** 뭐 필요한 거 있으면 언제든지 얘기해 주세요. 가지고 갈게요.
빨리 건강해진 언니 얼굴이 보고 싶어요.
빠른 쾌유를 빌게요.

아키코 드림

件名：体調、大丈夫ですか？

ヘジンオンニへ
オンニ、今日会社に来れなかったみたいだけど、大丈夫ですか？
前から体調が悪いって言っていたから心配しています。**今はどうですか？❶** 疲れがたまっていたみたいですね。❷ 調子が悪かったら我慢しないで**ちゃんと病院に行ってくださいね。❸**
今は元気になるまで無理しないで、**ゆっくり休んでくださいね。❹** 何か必要な物があったら、いつでも言ってください。持って行きますから。
早く元気になったオンニの顔が見たいです。
早く治りますように。
明子より

variations » バリエーション

❶ 「今はどうですか？」
지금은 어때요?

몸 상태는 어때요?
具合はどうですか？

건강 상태는 어때요?
調子はどうですか？

❷ 「疲れがたまっていたみたいですね」
요새 피로가 많이 쌓였었나 봐요.

무리했나 봐요.
無理したのでしょうね。

추운 날이 계속돼서 감기에 걸렸나 봐요.
寒い日が続くから、風邪をひいたのかもしれません。

❸ 「ちゃんと病院に行ってくださいね」
병원에 꼭 가세요.

약 잘 챙겨 먹어요.
しっかりお薬飲んでくださいね。

밥도 잘 챙겨 먹어요.
ご飯もしっかり食べてくださいね。

❹ 「ゆっくり休んでくださいね」
푹 쉬어요.

기운 찾으세요.
元気出してくださいね。

빨리 건강 찾으세요.
早く元気になってくださいね。

---

point ▶▶▶ ポイント

「お大事に」のように相手を気遣うひと言には、次のようなものがあります。
　　푹 쉬시고 몸조리 잘하세요. （ゆっくり休んでお大事になさってください）
　　빨리 나으세요. （早く治ってください）
　　빨리 회복하세요. （早く治ってください）
　　감기 조심하세요. （風邪にはお気を付けて）
　　힘 내세요. （元気出してください）

52 「亡くなりました」 身内の不幸を伝える

父親が亡くなったことを知らせます。

○ 제목: 부고 알림

박재민 님에게

부고 알림이 있어 메일 보냅니다.
저의 부친이신 마쓰다 하지메가 지난밤 82세의 나이로 **영면하셨습니다.**❶ 박재민 님도 아시겠지만 부친은 작년부터 입원하여 가료 중이었는데 안타깝게도 가족들이 지켜보는 가운데 **숨을 거두셨습니다.**❷ 고인을 대신하여 생전에 긴 후의에 대해 마음 깊이 감사드립니다.
애석하기 그지없습니다만❸, 부친이 **가족 모두가 있는 가운데 편안하게 세상을 뜨신 점이 그저 다행스러울 따름입니다.**❹
장례식 겸 고별식이 15일 토요일 14시부터 중앙 장례식장에서 거행될 예정입니다. 부친과의 마지막 작별 인사를 하러 와 주신다면 감사하겠습니다.

마쓰다 유키 드림

件名：訃報

パク・チェミンさんへ
訃報のお知らせがあり、メールしました。
私の父、松田肇が、昨夜82歳にて**永眠いたしました。**❶　パク・チェミンさんもご存じのとおり、父は昨年から入院し加療中でしたが、残念ながら家族に見守られる中、**息を引き取りました。**❷
故人に代わりまして生前の長いご厚誼に対して心からお礼申し上げます。
ただただ残念で仕方がありませんが❸、父が家族の皆が見守る中で静かにこの世を去ったことがせめてもの幸いです。❹
葬儀ならびに告別式は、15日土曜日の14時から、中央葬儀場にて執り行う予定です。父との最後のお別れに来ていただけたらうれしいです。
松田祐樹より

variations » バリエーション

❶「永眠いたしました」
영면하셨습니다.

타계하셨습니다.
他界しました。

별세하셨습니다.
逝去されました。

❷「息を引き取りました」
숨을 거두셨습니다.

이 세상을 뜨셨습니다.
この世を去りました。

돌아가셨습니다.
亡くなりました。

❸「ただただ残念で仕方がありません」
애석하기 그지없습니다.

각오는 하고 있었지만, 막상 이렇게 되고 보니 할 말이 없습니다.
覚悟はしていましたが、いざこうなってみると言葉がありません。

아직 실감이 나지 않습니다.
まだ実感がわきません。

❹「家族の皆が見守る中で静かにこの世を去ったことがせめてもの幸いです」
가족 모두가 있는 가운데 편안하게 세상을 뜨신 점이 그저 다행스러울 따름입니다.

그저 평안하시기를 바랄 뿐입니다.
安らかであることを、ただ願うばかりです。

남겨진 가족과 함께 서로 의지하며 부친과의 추억을 나누고자 합니다.
残された家族と共に、支え合いながら父との思い出を分かち合いたいと思います。

point ▶▶▶ ポイント

● お葬式に関する単語

葬式	장례식	弔問	조문/문상
葬儀場	장례식장	告別式	영결식
香典	부의	喪服	상복
喪主	상주	焼香	분향
遺族	유족	出棺	발인

53 「お悔やみ申し上げます」
お悔やみを伝える

✉ 52 に返信し、お悔やみを伝えます。

○ 제목: RE: 부고 알림

마쓰다 유키 님

부친이 돌아가셨다니 정말 애석하기 그지없습니다.❶ 부친은 항상 밝고 건강하셨기에 슬픔도 한층 더 합니다.❷ 병세가 회복되지 않고 있다는 것은 들어 알고 있었습니다만, 이렇게 빨리 그때가 오리라고는 상상해 본 적도 없었습니다. **삼가 고인의 명복을 빕니다.❸**
장의에는 물론 참석하겠습니다. **상심이 크시겠습니다만, 부디 마음 굳게 먹으시고 건강도 살피시기 바랍니다.❹**
그럼 15일에 뵙겠습니다.

박재민 드림

件名:RE:訃報

松田祐樹様
お父様が亡くなられたとこのと、本当に残念です。❶　お父様はいつも明るくお元気だっただけに、悲しみもひとしおです。❷　病状が思わしくないことはうかがっていましたが、こんなに早くその時が来るとは、想像もしていませんでした。謹んで故人のご冥福をお祈り申し上げます。❸
葬儀にはもちろん参列させていただきます。お力をお落としのことと存じますが、どうぞお気を強くお持ちになり、くれぐれもご自愛ください。❹
それでは、15日にお目にかかりたいと思います。
パク・チェミンより

> **variations** » バリエーション

❶ 「お父様が亡くなられたとこのと、本当に残念です」
부친이 돌아가셨다니 정말 애석하기 그지없습니다.

갑작스런 부고에 놀라움을 금치 못합니다.
突然の訃報にただ驚きを禁じ得ません。

갑작스럽게 부친의 부고를 접하고 말을 잃었습니다.
お父様の突然の訃報に接し、言葉を失っています。

❷ 「お父様はいつも明るくお元気だっただけに、悲しみもひとしおです」
부친은 항상 밝고 건강하셨기에 슬픔도 한층 더 합니다.

부친에게는 생전에 적잖이 신세를 많이 졌었습니다.
お父様には、ご生前ひとかたならぬお世話になりました。

지금 한번 만이라도 다시 뵙고 싶지만 그럴 수 없는 현실이 매우 애석할 따름입니다.
今一度お目にかかりたかったのですが、それがかなわず大変残念でなりません。

❸ 「謹んで故人のご冥福をお祈り申し上げます」
삼가 고인의 명복을 빕니다.

가족 분들의 상심이 얼마나 클지 생각하면 가슴이 메어집니다.
ご家族の皆様のご心痛はいかばかりかと胸がつぶれる思いがいたします。

가족 여러분들도 상심하여 건강 해칠까 염려됩니다.
ご家族の皆様も、お力落としのあまり、どうかお体を損なわれませんように。

❹ 「お力をお落としのことと存じますが、どうぞお気を強くお持ちになり、くれぐれもご自愛ください」
상심이 크시겠습니다만, 부디 마음 굳게 먹으시고 건강도 살피시기 바랍니다.

무언가 도울 일이 있으면 알려 주십시오.
何かお手伝いできることがあれば、お知らせください。

유족 분들께 마음 깊이 애도의 말씀을 드립니다.
ご遺族の皆様に心よりお悔やみを申し上げます。

> **point** ▶▶▶ ポイント

● 葬儀に参列する際によく使う表現
　　얼마나 상심이 크십니까. (さぞご傷心のこととお察しいたします)
　　얼마나 애통하십니까. (どんなにお辛いことでしょうか)
　　뭐라고 말씀드려야 할지 모르겠습니다. (何と申し上げればよいか分かりません)

54 「心配しています」
安否確認

天災があったと聞き、安否確認のメールを送ります。

제목: 괜찮습니까?

김문수 님

안녕하세요. 어제 뉴스에서 그쪽 지역이 **폭설로 인해 교통이 마비되고 대규모 정전과 함께 지역이 고립되었다고 들었습니다.❶** 문수 씨 있는 곳은 괜찮습니까? **문수 씨와 가족 여러분의 안전이 많이 걱정됩니다.❷** 자택은 별일 없습니까? 모두 무사합니까?
상황이 진정되면 무사한지 어떤지 알려 주시면 고맙겠습니다.❸
모두 걱정하고 있습니다. **부디 무사하기를 빕니다.❹**

유키

件名：大丈夫ですか？

キム・ムンスさん
こんにちは。昨日、ニュースでそちらの地域が大雪で交通網が麻痺して、大規模な停電が起こり地域が孤立していると言っていました。❶　ムンスさんのいる所は大丈夫ですか？　ムンスさんとご家族の皆さんの安全がとても気掛かりです。❷　ご自宅は大丈夫ですか？　皆さんご無事でしょうか？
状況が落ち着いたら、無事かどうか知らせてもらえたらうれしいです。❸
皆で心配しています。どうか無事でありますように。❹
有紀

3　プライベートのメール

variations　»　バリエーション

❶「大雪で交通網が麻痺して、大規模な停電が起こり地域が孤立していると言っていました」
폭설로 인해 교통이 마비되고 대규모 정전과 함께 지역이 고립되었다고 들었습니다.

폭우로 인해 홍수 피해가 있었다고 들었습니다.
大雨のために洪水の被害があったと聞きました。

큰 지진이 있었다고 들었습니다.
大きな地震があったと聞きました。

❷「ムンスさんとご家族の皆さんの安全がとても気掛かりです」
문수 씨와 가족 여러분의 안전이 많이 걱정됩니다.

괜찮은지 어떤지 걱정되어 좌불안석입니다.
大丈夫かどうか気掛かりで、いてもたってもいられません。

몹시 걱정되어 어제 밤엔 잠도 제대로 이루지 못했습니다.
とても心配で、昨日は夜も眠れませんでした。

❸「状況が落ち着いたら、無事かどうか知らせてもらえたらうれしいです」
상황이 진정되면 무사한지 어떤지 알려 주시면 고맙겠습니다.

가능하다면 가급적 빨리 무사한지 알려 주시기 바랍니다.
可能であれば、できるだけ早く、無事かどうか知らせてください。

메일이 가능하면 상황을 알려 주시겠어요?
メールができるようであれば、状況を知らせてもらえませんか？

❹「どうか無事でありますように」
부디 무사하기를 빕니다.

무사 안전을 기원합니다.
無事を祈っています。

답신을 기다리겠습니다.
返信を待っています。

---

point ▶▶▶ ポイント

相手のことを気に掛けたり、思い出したりしたときに掛ける電話のことを안부 전화といいます。안부は漢字の「安否」ですが、日本語の安否の印象とは違い、韓国では「元気でいるかどうか」という意味合いで使われます。電話は「電話」なので、안부 전화で「安否電話」という直訳になります。안부 전화は用事がなくても相手のことを気にしているときに掛けるものなので、電話を受けて「どうしたの？」と聞くと응, 그냥 잘 있나 해서. (うん、なんとなく元気かなと思って) というような返事が来ることが多いです。

55 「心配してくれてありがとう」
状況を伝える

✉ 54 に返信し、状況を伝えます。

○ 제목: 괜찮아.

유키에게

걱정해 줘서 고마워.❶ 이쪽 지역 폭설이 일본에서도 큰 뉴스였지. 메일 받고 아주 마음이 든든해졌어. 꽤 많은 양의 눈이 내려서 정전까지 났는데 우리 집은 괜찮아. 다행스럽게 전기도 들어와서 불편하지 않게 지내고 있어. **가족들도 모두 무사해.❷** 그런데 폭설 탓에 차나 다른 교통수단을 계속 사용하지 못하고 있어.❸ 동네 사람들하고 서로 도와가며 잘 극복해 나가야지.❹

모두에게 걱정해 줘서 고맙다고 전해 줘. 상황이 진정되면 다시 연락할게.

김문수

件名：大丈夫だよ。

有紀へ

心配してくれてありがとう。❶ こちらの地域の大雪のことが、日本でも大ニュースだったね。メールをもらって、とても心強かった。かなりの量の雪が降って停電も起こったけれど、我が家は大丈夫。幸いにして、電気もつくから不便はしていないよ。**家族もみんな無事だよ。❷** でも大雪のせいで車やほかの交通手段を使えない状況が続いているんだ。❸ 近所の人たちと助け合いながら、なんとか乗り切ろうと思う。❹

みんなにも、心配してくれてありがとうと伝えて。また状況が落ち着いたら連絡する。
キム・ムンス

variations » バリエーション

❶「心配してくれてありがとう」
걱정해 줘서 고마워.

걱정돼서 연락 준 거지. 고마워.
心配して連絡くれたんだよね。ありがとう。

마음 써 주신 점 감사드립니다.
お心遣いに感謝申し上げます。

❷「家族もみんな無事だよ」
가족들도 모두 무사해.

나도 가족도 괜찮아.
僕も家族も大丈夫だよ。

이 주변에는 큰 피해는 없었어.
この辺りには、大きな被害はなかったんだ。

❸「でも大雪のせいで車やほかの交通手段を使えない状況が続いているんだ」
그런데 폭설 탓에 차나 다른 교통수단을 계속 사용하지 못하고 있어.

그래도 아직 원래 생활로 돌아가는 데는 시간이 걸릴 듯해.
でも、まだ元の生活に戻るには時間がかかりそうだ。

그런데 대피소에서 생활하고 있는 사람들도 많아.
でも、避難所で生活している人もたくさんいるんだ。

❹「近所の人たちと助け合いながら、なんとか乗り切ろうと思う」
동네 사람들하고 서로 도와가며 잘 극복해 나가야지.

힘든 일도 많지만 포기하지 않고 열심히 할 거야.
大変なことも多いけれど、あきらめないで頑張っていこうと思う。

모두 힘을 합쳐 복구해 나가야지.
みんなで力を合わせて、復興していこうと思う。

point ▶▶▶ ポイント

● 災害に関する単語

가뭄（日照り、干ばつ）	이재민（被災者）	피난（避難）
구조하다（救助する）	자원봉사자（ボランティア）	피해（被害）
구출하다（救出する）	재해（災害）	홍수（洪水）
구호물자（救護物資）	지진（地震）	태풍（台風）
눈사태（雪崩）	폭풍우（暴風雨）	산사태（山崩れ）

56 「どうして来なかったの？」
怒りを伝える

約束をすっぽかした恋人に、怒りのメールを送ります。

○ 제목: 이젠 나도 몰라

지금 어디야?❶ 왜 안 왔어?❷ 전화 연결도 안 되고. 뭐야! 약속한 장소에서 1시간이나 기다렸는데, 아무 연락도 없다니 어떻게 된 거야. 올 수 없다던가 늦는다던가 **최소한 무슨 연락 정도는 해야지.❸** 이렇게 기다리기만 하고 말이야. 바보 같아.
이게 벌써 몇 번째야? 적당히 해. 너의 그 제멋대로인 행동에 휘둘리는 것도 이제 질렸어.
이젠 됐어. 마음대로 해. **더 이상 보고 싶지 않아.❹** 안녕.

미키

件名：もう知らないからね

今どこ？❶　どうして来なかったの？❷　携帯もつながらないし。何なのよ！　約束した場所で1時間も待っていたのに、何も連絡がないって、どういうこと。
来られなくなったんだとか、遅れて来るんだとか、**せめて何か連絡くらいしてよ。❸**　こんなに待たされて。バカみたい。
もうこれで何度目？　いい加減にしてよ。あなたのその身勝手に振り回されるのも、もううんざり。
もういい。勝手にすれば。**もう会いたくない。❹**　さよなら。
美紀

variations　» バリエーション

❶「今どこ？」
지금 어디야?

어디서 뭐하고 있어?
どこで何やってるの？

아직 자고 있어?
まだ寝てるの？

❷「どうして来なかったの？」
왜 안 왔어?

왜 전화 안 받아?
なんで電話に出ないの？

무슨 생각으로 그러는 거야?
どういうつもり？

❸「せめて何か連絡くらいしてよ」
최소한 무슨 연락 정도는 해야지.

문자 정도는 보냈어야 하는 거 아니야?
メールくらい、くれたっていいんじゃない？

연락해야지. 무슨 일 있나 걱정하잖아.
連絡しなさいよ。何かあったんじゃないかって、心配するじゃない。

❹「もう会いたくない」
더 이상 보고 싶지 않아.

두 번 다시 내 앞에 나타나지 마.
二度と私の前に現れないで。

더 이상 연락하지 마.
もう連絡してこないで。

---

point ▶▶▶ ポイント

● 怒りに関する表現
　　화내다（怒る、腹を立てる）
　　뿔나다（怒る、腹が立つ）
　　발끈하다（かっとなる、激怒する、怒る）
　　열을 내다（怒る、熱中する）
　　화를 내다（怒る、腹を立てる）
　　성을 내다（怒る、腹を立てる）
　　화나다（腹が立つ）
　　열 받다（頭にくる、むかつく）
　　화가 치밀다（怒り心頭する）
　　짜증이 나다（嫌気がさす、いらだたしくなる）

57 「本当にごめん」
怒らせた相手への謝罪

✉ 56への返信で、謝ります。

○ 제목: RE: 이젠 나도 몰라

미키, 미안. 정말 미안해!!! **연락하지 못해서 정말 미안.**❶ 약속 시간이 아슬아슬해서 서둘러 회사를 나오려 했는데, 그때 하필이면 내가 담당하고 있는 손님에게 문의가 들어와서 빠져나오기 정말 힘들었어. 끝나자마자 바로 택시를 잡아탔는데 정신없이 나오다 보니 핸드폰을 회사에 두고 오고…. **그래서 연락도 안 됐던 거야.**❷ 설상가상으로 차까지 밀려서 도로에 갇혀 버리고, 약속한 장소에 도착했을 때는 이미 1시간 이상 지난 상태였어.
정말 미안해. **변명할 여지도 없어.**❸ 추운 데 미키를 계속 기다리게 한 점 **정말 반성하고 있어.**❹ 항상 시간도 못 지키고 이렇게 막무가내이지만 나에게는 미키밖에 없어.
사과의 뜻으로 이번 휴일에 미키가 가고 싶은 곳 데려갈 테니까, 그러니까 제발 용서해 줘. 부탁이야. 한 번만 봐줘.

현우가

件名：RE:もう知らないからね

美紀、ごめん。本当にごめん！！！　**連絡できなくて、本当に申し訳ない。**❶　約束の時間ぎりぎりになっちゃったから、慌てて会社を出ようとしたんだけど、その時に限って僕が担当しているお客さんから問い合わせがあって、なかなか抜け出せなかったんだ。終わってすぐタクシーに飛び乗ったんだけど、慌てて出たら会社に携帯を忘れてしまって…。**それで連絡もできなかったんだ。**❷　おまけに渋滞に巻き込まれてしまって、約束した場所に着いた時には、もう1時間以上たってしまってた。
本当にごめん。**言い訳のしようもない。**❸　寒い中、美紀をずっと待たせてしまったこと、**すごく反省してる。**❹　いつも時間にルーズで、こんなにどうしようもないけど、僕には美紀しかいないんだ。
お詫びに、今度の休みは美紀の行きたい所に連れて行くから、だからなんとか許して。お願い。一度だけ見逃して。
ヒョヌより

variations » バリエーション

❶「連絡できなくて、本当に申し訳ない」
연락하지 못해서 정말 미안.

약속 지키지 못해서 미안.
約束を守れなくてごめん。

화나게 해서 미안.
怒らせてしまって、ごめんね。

❷「それで連絡もできなかったんだ」
그래서 연락도 안 됐던 거야.

그래서 문자도 못 보냈던 거야.
それでメールも送れなかったんだ。

그래서 지각한 거야.
それで遅刻してしまったんだ。

❸「言い訳のしようもない」
변명할 여지도 없어.

전부 내가 잘못했어.
全部、僕が悪かったんだ。

지금부터는 정신 차리고 잘할게.
これからは、きっともっとちゃんとするから。

❹「すごく反省してる」
정말 반성하고 있어.

정말 후회하고 있어.
すごく後悔してる。

정말 미안하게 생각해.
本当に申し訳なく思ってる。

---

point ▶▶▶ ポイント

● 謝るときの表現
미안. (ごめん)
미안해. (ごめん)
미안해요. (ごめんなさい)
미안합니다. (ごめんなさい)
죄송해요. (すみません、申し訳ありません)
죄송합니다. (すみません、申し訳ありません)

58 「愛してる」ラブレター①

恋人にラブレターを送ります。

제목: 1주년을 기념하며.

사랑하는 민화

우리 만난 지도 벌써 1년이라니 시간 참 빠르다. **민화를 처음 만났을 때가 엊그제 같은데 말이야.❶** 처음으로 간 한국 여행에서 우연찮게 민화에게 길을 물어보고, 민화가 길 안내를 해 주면서 우리 만남이 시작되었지.

사실 생각해 보면 나는 민화에게 **첫눈에 반했던 것 같아.❷** 그 짧은 인연의 시작에서 우리가 사귀는 관계로 발전하고, 그리고 1년간을 서로 사랑하며 지냈다는 사실이 정말 믿기지 않는다. **장거리 연애를 하면서 힘든 점도 많았지?❸** 항상 나를 이해해 주고 사랑한다고 말해 줘서 고마워. 나도 앞으로 더욱 민화를 아끼고 사랑할 거야. **민화에게 어울리는 멋진 사람이 될 수 있도록 노력할게.❹** 사랑해.

교헤

件名：1周年を記念して。

愛するミナ
僕たちが出会ってから、もう1年だなんて本当にあっという間。**ミナに初めて出会ったのが昨日のことのようなのにね。❶** 初めて行った韓国旅行で偶然にもミナに道を聞いて、ミナが道を案内してくれて僕たちの関係が始まったんだよね。
実は、考えてみると僕はミナに一目ぼれしたんだと思う。❷ その小さな出会いから、僕たちが付き合う関係になって、そして1年間、お互いに想いながら過ごしたっていうことが本当に信じられない。**遠距離恋愛でつらいことも多かったよね。❸** いつも僕を理解してくれて、愛していると言ってくれてありがとう。僕もこれからもっとミナを大切にして愛していこうと思う。**ミナにふさわしいカッコいい人間になれるよう努力するよ。❹** 愛してる。
恭平

variations » バリエーション

❶ 「ミナに初めて出会ったのが昨日のことのようなのにね」
민화를 처음 만났을 때가 엊그제 같은데 말이야.

처음 만난 날의 일은 지금도 정확히 기억해.
初めて出会った日のことを、今でもよく覚えているよ。

우리 처음 만났을 때 기억나?
私たちが初めて会った日のこと、覚えてる？

❷ 「一目ぼれしたんだと思う」
첫눈에 반했던 것 같아.

운명을 느꼈어.
運命を感じたんだ。

처음 만나면서부터 좋았던 것 같아.
初めて会った時から、好きだったんだと思う。

❸ 「遠距離恋愛でつらいことも多かったよね」
장거리 연애를 하면서 힘든 점도 많았지?

싸운 적도 있었지만.
ケンカをしたこともあったけど。

보고 싶어도 못 볼 때가 많았지만.
会いたくても会えない時が多かったけど。

❹ 「ミナにふさわしいカッコいい人間になれるよう努力するよ」
민화에게 어울리는 멋진 사람이 될 수 있도록 노력할게.

계속 함께 있어 줘.
ずっと一緒にいてね。

함께 많은 추억 만들어 가자.
たくさんの思い出を一緒に作っていこうね。

point ▶▶▶ ポイント

● 恋愛に関する表現

고백（告白）	반하다（惚れる）	서프라이즈（サプライズ）
만남（出会い）	보고 싶다（会いたい）	설레다（ときめく）
미팅（合コン）	사귀다（付き合う）	손을 잡다（手をつなぐ）
밀고당김（駆け引き）	상사병（恋煩い）	애인（恋人）
밀당（恋の駆け引き）	상심（傷心、心が痛むこと）	커플（カップル）

59 「全部、覚えています」 ラブレター②

58 に返信します。

제목: 사랑하는 당신께

교헤 씨

당신을 만난 건 정말 내 생애 최고의 행운이었어요.❶ 당신이 처음으로 내게 말을 걸어 주었을 때, 내 손을 잡아 주었을 때, 사랑한다고 고백해 주었을 때, **그 모든 순간의 그 떨림을 나는 다 기억하고 있어요.❷** 당신과 함께한 1년은 너무나 행복했어요. 서로 멀리 떨어져 있어서 그리움은 더 크지만 우리가 함께할 날을 꿈꾸며 나는 오늘도 열심히 살아가고 있어요.

몸은 멀리 떨어져 있지만 내 마음은 항상 당신에게 향하고 있어요.❸ 1년 동안 변함없이 나를 지켜 준 당신에게 감사드립니다. **10년이 지나도 우리 사랑이 변하지 않게 많이 노력할게요.❹** 사랑합니다.

당신의 민화

件名:愛するあなたへ

恭平さん

あなたに出会ったことは、私の一生で一番の幸運でした。❶ あなたが初めて私に話しかけてくれた時、私の手を握ってくれた時、愛していると告白してくれた時、そのすべての瞬間のその胸のときめきを、私は全部、覚えています。❷ あなたと共にした1年は、とても幸せでした。お互いに遠く離れているから愛しさはさらに募るけれど、私たちが一緒に過ごせる日を夢見て、私は今日も一生懸命生きています。

体は遠く離れているけれど、私の気持ちはいつもあなたに向かっています。❸ 1年間、変わらず私を大切にしてくれたあなたに感謝しています。10年たっても、私たちの愛が変わらないように精一杯頑張りますね。❹ 愛しています。

あなたのミナ

3　プライベートのメール

variations　》　バリエーション

❶「あなたに出会ったことは、私の一生で一番の幸運でした」
당신을 만난 건 정말 내 생애 최고의 행운이었어요.

내 인생에서 가장 큰 행운은 당신을 만난 거예요.
私の人生で一番大きな幸運は、あなたに出会えたことです。

당신과의 소중한 추억을 영원히 간직하고 싶어요.
あなたとの大切な思い出を、ずっと胸に大事にしまっておきたいです。

❷「そのすべての瞬間のその胸のときめきを、私は全部、覚えています」
그 모든 순간의 그 떨림을 나는 다 기억하고 있어요.

당신과의 추억 하나하나가 무엇과도 바꿀 수 없는 소중한 보물이에요.
あなたとの思い出の一つ一つが、何にも代えられない大切な宝物です。

눈을 감으면 지금도 선명하게 당신이 떠올라요.
まぶたを閉じると、今でも鮮やかにあなたのことが目に浮かびます。

❸「体は遠く離れているけれど、私の気持ちはいつもあなたに向かっています」
몸은 멀리 떨어져 있지만 내 마음은 항상 당신에게 향하고 있어요.

자나깨나 항상 당신 생각뿐이에요.
眠っている時も起きている時も、いつもあなたのことを考えてばかりいます。

힘들 때 당신을 떠올리는 것만으로도 행복한 기분이 들어요.
つらい時、あなたのことを思い浮かべるだけでも幸せな気持ちになります。

❹「10年たっても、私たちの愛が変わらないように精一杯頑張りますね」
10년이 지나도 우리 사랑이 변하지 않게 많이 노력할게요.

우리의 사랑이 영원하도록.
私たちの愛が、永遠でありますように。

앞으로도 나를 사랑해 주세요.
これからも私のことを愛してください。

point ▶▶▶ ポイント

「あなた」という意味の당신は、夫婦間での呼び方として主に中年以上の方が使ったり、けんか腰で相手を呼ぶときに使う「あんた」や「お前」のようなニュアンスを持っているため、日本語の「あなた」のように使うことはできません。相手の名前が分からず「あなたは」と言いたい場合には、名前を尋ねるか、あるいは相手の役職名や선생님 (先生) と呼ぶこともあります。ただ、この手紙のような場合で당신を使うと、付き合っている間柄であっても、敬語を使った文体と合わさって愛らしい印象を与えます。

60 「もう別れよう」別れのメール

恋人に別れを伝えるメールを送ります。

제목: 마지막 편지

수진아

내일이 내가 떠나는 날이라니 믿기지 않는다. **그동안 몇 번이나 얘기하려고 했는데 막상 네 얼굴 보면 말이 안 나와서 기회를 놓쳐 버렸어.❶ 이렇게 늦은 밤에 술의 기운을 빌려서 글로 전하는 내 심정, 부디 이해해 주기 바래.❷**

수진아. 갑작스럽게 정해진 나의 해외 유학 때문에 최근에 너하고 다툼도 많이 했지. 나도 많은 나이에 외국에 나가 공부하는 결정을 쉽게 내린 건 아니야. 하지만 지금이 아니면 평생을 후회할 것 같아. 가진 것도 하나 없기에 너에게 날 따라오라고도 못하겠다.

이런 말 해서 정말 미안하지만, **우리 이제 그만 헤어지자.❸** 그동안 정말 고마웠어. 그리고 이렇게 갑자기 이별을 통보해서 정말 미안해. **부디 건강하고 행복해라.❹**

안녕.

件名：最後の手紙

スジン

明日、俺が出発する日だなんて、信じられない。**ずっと何度も話をしようとしたんだけど、いざ君の顔を見ると言葉が出てこなくて機会を逃してしまった。❶** こんな夜遅くに酒の力を借りて、**手紙で伝える俺の気持ちを、どうか分かってほしい。❷**

スジン。急に決まった俺の海外留学のせいで、最近君とたくさんケンカもしたよね。俺もこの歳で海外に出て勉強するということを簡単に決めたわけじゃない。でも、今でなければ一生後悔すると思うんだ。何一つ持っていない俺だから、君に俺について来いことも言えない。

こんなことを言って本当に申し訳ないけれど、**俺たち、もう別れよう。❸** 今まで本当にありがとう。そして、こんな突然、別れを告げて本当にごめん。**どうか元気で、幸せになってくれ。❹**

さよなら。

variations » バリエーション

❶「ずっと何度も話をしようとしたんだけど、いざ君の顔を見ると言葉が出てこなくて機会を逃してしまった」
그동안 몇 번이나 얘기하려고 했는데 막상 네 얼굴 보면 말이 안 나와서 기회를 놓쳐 버렸어.

좀 더 빨리 말했어야 했는데 도저히 말할 수 없었어.
もっと早く伝えるべきだったのだけど、どうしても言えなかったんだ。

직접 얼굴 보고 말했어야 했는데 할 수 없었어.
直接、顔を見て言わなければならなかったのに、できなかったんだ。

❷「こんな夜遅くに酒の力を借りて、手紙で伝える俺の気持ちを、どうか分かってほしい」
이렇게 늦은 밤에 술의 기운을 빌려서 글로 전하는 내 심정, 부디 이해해 주기 바래.

이런 용기 없는 나를 부디 용서해 줘.
こんな勇気のない俺のことを、どうか許してほしい。

이제 와서 너의 슬픈 얼굴을 볼 용기조차 나에겐 없었어.
この期に及んで、君の悲しむ顔を見る勇気さえ、俺にはなかったんだ。

❸「俺たち、もう別れよう」
우리 이제 그만 헤어지자.

우리 이제 그만 만나는 게 좋겠어.
俺たち、もう会わない方がいい。

미안. 따로 좋아하는 사람이 생겼어.
ごめん。ほかに好きな人ができたんだ。

❹「どうか元気で、幸せになってくれ」
부디 건강하고 행복해라.

나보다 더 좋은 사람 만나길 바래.
俺よりも、もっと良い人に出会ってほしい。

멀리서나마 당신의 행복을 빌게.
遠くから、君の幸せを祈ってる。

point ▶▶▶ ポイント

「別れる」は헤어지다です。ほかに、깨지다, 이별하다と表現されることもあります。
  어제 남자 친구랑 헤어졌어. (昨日、彼と別れたの)
  우리 헤어지자. (私たち、別れよう)

61 「アドレス変更のお知らせです」
アドレスの変更を知らせる

メールアドレスの変更を、複数の人に一斉送信します。

제목: 메일 주소 변경 공지(우에노 치아키입니다)

안녕하세요?
메일 주소를 변경했습니다.❶ 번거롭겠지만 등록을 부탁드려요.❷
전화번호는 그대로입니다. 새로운 주소는 아래와 같습니다.
thereisalwayslight@example.com
스팸 메일이 너무 많이 들어와서 변경하게 되었습니다.❸ 앞으로는 새로운 주소로 연락해 주세요. **이전 주소는 다음 주부터 사용하지 않을 예정입니다.❹**
그럼 안녕히 계세요.

우에노 치아키

件名:メールアドレス変更のお知らせ(上野千秋です)
お元気ですか?
メールアドレスを変更しました。❶ お手数ですが、登録をお願いします。**❷** 電話番号は変わりありません。新しいアドレスは次の通りです。
thereisalwayslight@example.com
迷惑メールが増えてしまったので、変更することにしました。❸ 今後は新しいアドレスに連絡してください。**以前のアドレスは、来週から使えなくなる予定です。❹**
それでは、さようなら。
上野千秋

variations » バリエーション

❶「メールアドレスを変更しました」
메일 주소를 변경했습니다.

새로운 메일 주소를 알려 드리겠습니다.
新しいメールアドレスをお知らせします。

메일 주소가 바뀌어서 알려 드립니다.
メールアドレスが変わったので、お知らせします。

❷「お手数ですが、登録をお願いします」
번거롭겠지만 등록을 부탁드려요.

다음에는 이쪽으로 메일 주세요.
今後はこちらにメールください。

이전 주소는 지워 주세요.
以前のアドレスは消してください。

❸「迷惑メールが増えてしまったので、変更することにしました」
스팸 메일이 너무 많이 들어와서 변경하게 되었습니다.

예전 주소는 뭔가 트러블이 많아서 변경하게 되었습니다.
古いアドレスは、何かとトラブルが多かったので、変更することにしました。

직장을 바꾸어서 메일 주소도 변경하게 되었습니다.
職場を変えたので、メールアドレスも変更することになりました。

❹「以前のアドレスは、来週から使えなくなる予定です」
이전 주소는 다음 주부터 사용하지 않을 예정입니다.

이전 주소는 이미 지워 버렸습니다.
前のアドレスは、もう消してしまいました。

예전 주소는 이번 주까지만 사용합니다.
古いアドレスは、今週までしか使えません。

---

point ▶▶▶ ポイント

● メールやショートメッセージなどで使われる縮約語

그치（そうだよね、そうでしょ）→ 그렇지	맘（心、気持ち）→ 마음
낼（明日）→ 내일	할꺼?（〜するつもり?）→ 할 거야?
넘（とても）→ 너무	이케（このように、こんなふうに）→ 이렇게
드뎌（ついに）→ 드디어	잼있다（面白い）→ 재미있다（재밌다とも）
마니（たくさん）→ 많이	조아（良い）→ 좋아
마자（合ってる、そう）→ 맞아	카톡（カカオトーク）→ 카카오톡

62 「引っ越しました」
転居を知らせる

友人に引っ越したことを知らせます。

○ 제목: 이사했어요.

희윤 씨에게

안녕하세요. 더운 날이 계속되고 있는데, 건강히 잘 지내고 있습니까?

지난달 **남편의 직장 관계로❶** 정 들었던 고엔지를 떠나 다치카와로 이사했습니다. 아직 익숙하지는 않지만 **새로운 환경에 조금씩 적응해 가고 있는 중입니다.❷**

집은 그다지 넓지는 않지만 역에서 가깝고, **집 근처에 큰 공원이 있어서 살기에는 매우 좋은 환경입니다.❸**

새 주소는 아래와 같습니다.

〒1900012 도쿄토 다치카와시 초 아케보노이즈미초　13-2

근처에 오게 되면 꼭 한번 들려 주세요.❹

다케히코・구미코

件名：引っ越しました。

ヒユンさんへ

こんにちは。暑い日が続きますが、お元気でお過ごしでしょうか？
先月、主人の仕事の都合で❶、住み慣れた高円寺を離れ、立川へ引っ越しました。まだ慣れませんが、新しい環境に少しずつ慣れてきているところです。❷
家はさほど広くありませんが、駅から近くて、家のそばに大きな公園があって、とても住みやすい環境です。❸
新しい住所は以下の通りです。
〒190-0012　東京都立川市曙泉町13－2
近くにお越しの際には、ぜひ一度お立ち寄りください。❹
武彦・久美子

variations » バリエーション

❶ 「主人の仕事の都合で引っ越しました」
남편의 직장 관계로 이사했습니다.

남편의 급한 전근으로 인해 이사했습니다.
夫の急な転勤に伴い、引っ越しました。

아이가 독립한 것을 계기로 집을 옮겼습니다.
子供が独立したのをきっかけに、引っ越しました。

❷ 「新しい環境に少しずつ慣れてきているところです」
새로운 환경에 조금씩 적응해 가고 있는 중입니다.

새로운 환경이 오랜만이라 조금 가슴 설레기도 합니다.
久しぶりの新しい環境に、なんだかちょっとわくわくしてもいます。

새로운 곳에서의 앞으로의 생활이 매우 기대됩니다.
新しい場所でのこれからの生活が、とても楽しみです。

❸ 「家のそばに大きな公園があって、とても住みやすい環境です」
집 근처에 큰 공원이 있어서 살기에는 매우 좋은 환경입니다.

편의점과 슈퍼가 가까이 있어서 매우 편리합니다.
コンビニとスーパーが近くにあって、とても便利です。

대형 쇼핑몰이 가까이에 있어서 장 보기 편합니다.
大きなショッピングモールが近くにあるので、買い物もしやすいです。

❹ 「近くにお越しの際には、ぜひ一度お立ち寄りください」
근처에 오게 되면 꼭 한번 들려 주세요.

일본에 오게 되면 꼭 놀러 오세요.
日本に来ることになったら、ぜひ遊びに来てください。

집들이를 하려는데 와 주시겠어요?
引っ越し祝いをしようと思うのですが、遊びに来ませんか？

---

point ▶▶▶ ポイント

韓国では引っ越しをした後に友人などを家に招いて집들이（引っ越し祝い）を行うことがあります。招かれた人は洗剤やトイレットペーパーなどをお祝いに持って行くことが多いのですが、これにはすぐに使う実用品であること以外に、物事がうまく進むように、良いことがたくさんあるようにという意味を込めてのことだという説があります。友人同士では、これら以外のキッチン用品や相手の希望の物を聞いて贈ることもあるそうです。

63 「そちらの天気はどう？」
様子を尋ねる

旅行先に住む友人に、天候を尋ねます。

○ 제목: 다음 주에 가요~

유미 언니에게

안녕하세요. 드디어 다음 주, 일 년 만에 한국에 갑니다. 언니랑 오랜만에 만나는 게 벌써부터 정말 기다려져요.
지금 일본은 그렇게 춥지는 않아서 밖에 나갈 때 코트 안 걸쳐도 괜찮은데 **그쪽은 어때요?**❶ 많이 춥나요? **오리털 잠바를 가져가는 게 좋을까요?**❷ 오리털은 부피가 커서 짐이 커지는 게 걱정이에요. **언니는 필요하다고 생각해요?**❸ 옷 말고도 추위에 대비하는 장갑, 목도리, 손난로 등등 가져가려고 하니 끝이 없어요. 짐은 될 수 있으면 줄이고 싶은데 매번 짐이 늘어나 버려요 ㅠ.ㅠ.
언니한테 한국 날씨를 듣고 나서 결정하겠어요. 언니의 **조언 기다릴게요.**❹ 그리고 선물 기대하세요.

유키

件名：来週行きま～す

ユミオンニへ

元気ですか？ いよいよ来週、1年ぶりに韓国に行きます。 オンニに久しぶりに会えるのが、今から本当に待ち遠しいです。
今、日本はそんなには寒くなくて、外に出る時はコートを羽織らなくても大丈夫なんだけど、**そちらはどう？**❶ かなり寒い？ **ダウンコートを持って行った方がいいかなあ。**❷ ダウンはかさばるから荷物が大きくなっちゃうのが心配。**オンニはいると思う？**❸ 服以外にも寒さ対策に手袋、マフラー、カイロとか持って行こうと思うときがないよね。荷物はできれば減らしたいのに、いつも荷物が増えちゃう(T_T)
オンニに韓国の天気を聞いてから決めようと思います。オンニの**アドバイス、待ってます。**❹
それと、お土産楽しみにしていてね。
有紀

variations » バリエーション

❶「そちらはどう？」（→どうですか）
그쪽은 어때요?

그쪽 날씨는 어때요?
そちらの天候はどう？（→どうですか）

요즘 날씨는 어때요?
最近の天気はどう？（→どうですか）

❷「ダウンコートを持って行った方がいいかなあ」（→いいでしょうか）
오리털 잠바를 가져가는 게 좋을까요?

따뜻한 옷도 가져가는 게 좋을까요?
暖かい服も、持って行った方がいいかなあ。（→いいでしょうか）

갈아입을 옷을 많이 가지고 가는 게 좋을까요?
着替えをたくさん持って行った方がいいかなあ。（→いいでしょうか）

❸「オンニはいると思う？」（→思いますか）
언니는 필요하다고 생각해요?

어떻게 생각해요?
どう思う？（→思いますか）

필요 없을까요?
いらないかな？（→いらないでしょうか）

❹「アドバイス、待ってます」
조언 기다릴게요.

언니 생각을 들려주세요.
オンニの考えを聞かせて。（→聞かせてください）

조언해 주시면 감사하겠어요.
アドバイスしてもらえると助かります。

---

point ▶▶▶ ポイント

このメールとバリエーションでは、韓国語と日本語訳の文体にずれがあります。そのためバリエーションでは、韓国語をそのまま訳した意味が括弧の中に入れてあります。（✉️42も同様です）ここでは、親しい間柄のオンニにメールを書いているのですが、親しい関係であっても相手が年上である場合には柔らかくて丁寧な「해요（ヘヨ）体」を使って話すケースも多くあります。しかし、関係性からみると日本語であれば、くだけた口調も交えて話すことが自然なため、ここでは韓国語と日本語訳の文体がずれているのです。

64 「お薦めです！」 相手に薦める

話題の作品を、相手に薦めます。

○ 제목: 추천합니다.

후미 씨

안녕하세요. 잘 지내세요?
오늘은 **추천하고 싶은 드라마가 있어서 메일 보냅니다.**❶ '내일로 가는 문'이라는 드라마인데 꽤 재미있어요. 한국에서는 이미 방송이 끝났지만, **인기가 아주 많아서 방송시간에는 밖에 나와 있는 사람이 별로 없다고 뉴스에 나올 정도였어요.**❷ 주연은 심학기입니다. 원래는 영화에만 출연하는 실력파 배우인데 **이번에 처음으로 이 드라마에 출연하게 되어 큰 화제가 되었습니다.**❸ 다음 달에는 일본에서도 방송될 것 같으니까 꼭 한번 보세요.❹
그럼 이만.

김경미 드림

件名：お薦めです。
文さん
こんにちは。お元気ですか？
今日は、**お薦めしたいドラマがあってメール**しました。❶　『明日への扉』というドラマなんですが、かなりの面白さです。韓国ではもう放送は終わっているのですが、**とても人気があって放送時間には外出している人がほぼいないとニュースになるくらいだったんですよ。**❷　主演はシム・ハッキです。元々は映画にしか出ていなかった実力派俳優なのですが、**今回初めてこのドラマに出演するということで大きな話題になりました。**❸　来月には、日本でも放送するようなので、ぜひ見てみてくださいね。❹
それでは。
キム・キョンミより

variations » バリエーション

❶「お薦めしたいドラマがあってメールしました」
추천하고 싶은 드라마가 있어서 메일 보냅니다.

읽어 보셨으면 하는 책이 있어서 메일 씁니다.
読んでほしい本があってメールしました。

봐 주었으면 하는 영화가 있어서 연락드립니다.
見てほしい映画があって連絡差し上げました。

❷「とても人気があって放送時間には外出している人がほぼいないとニュースになるくらいだったんですよ」
인기가 아주 많아서 방송시간에는 밖에 나와 있는 사람이 별로 없다고 뉴스에 나올 정도였어요.

너무나 재미나서 방송이 있던 다음 날은 모두가 그 이야기뿐이었어요.
あまりにも面白くて、放送のあった次の日はみんなその話題でもちきりでした。

한국의 방송 역사에 남을 정도의 높은 시청률을 기록했어요.
韓国の放送史上に残るくらいの高視聴率を記録したんですよ。

❸「今回初めてこのドラマに出演するということで大きな話題になりました」
이번에 처음으로 이 드라마에 출연하게 되어 큰 화제가 되었습니다.

무명 배우였습니다만 이 드라마를 계기로 하루아침에 스타가 되었습니다.
無名の俳優だったのですが、このドラマがきっかけになって大ブレイクしました。

일본에서도 인기 있는 배우이지요.
日本でも人気のある俳優ですよね。

❹「来月には、日本でも放送するようなので、ぜひ見てみてくださいね」
다음 달에는 일본에서도 방송될 것 같으니까 꼭 한번 보세요.

일본에서도 출판될 것 같으니까 읽어 보세요.
日本でも出版されるようなので、読んでみてください。

일본에서도 상영될 것 같으니까 꼭 보세요.
日本でも上映されるようなので、絶対に見てくださいね。

point ▶▶▶ ポイント

✉ 22의 포인트에서도 해설한 대박은, 대박(이) 나다で「大ヒットする」という意味になります。
　　일본에서도 대박 날 것 같아. (日本でも大ヒットすると思う)
ドラマの種類には、아침 드라마（朝ドラマ）、월화 드라마（月火ドラマ）、수목 드라마（水木ドラマ）、주말 드라마（週末ドラマ）、특별 기획 드라마（特別企画ドラマ）などがあります。

65 「感動しました」 感想を伝える

64 に返信し、感想を伝えます。

제목: 봤어요!

경미 씨

안녕하세요. 메일 고마워요. 경미 씨가 추천해 준 드라마를 바로 봤어요. 정말 재미있었어요. **감동했습니다.❶** 출연 배우들도 모두 제가 좋아하는 사람들이라서 전부터 보고 싶어 했던 드라마였어요. 게다가 **스토리 전개가 빠르고 반전이 있어서 마지막까지 눈을 뗄 수가 없었어요.❷** 최종회는 정말 눈물 없이는 볼 수 없었답니다.❸ 경미 씨도 그랬지요? **지금이라도 당장 경미 씨를 만나서 이 기분을 나누고 싶을 정도예요. ❹**
정말 멋진 작품을 소개해 줘서 고맙습니다. 다른 추천작이 있으면 꼭 다시 알려 주세요.
그럼 건강하세요.

후미 드림

件名：見ました！

キョンミさん
こんにちは。メールありがとうございます。キョンミさんが薦めてくれたドラマを、すぐに見ました。とても面白かったです。**感動しました。❶** 出ている俳優も私が好きな人たちなので、前から見たいなと思っていたんです。それに、**ストーリー展開が早くて意外性があって、最後まで目が離せませんでした。❷** 最終回は、もう涙なしでは見られませんでした。❸ キョンミさんもですよね？ **今すぐにでもキョンミさんに会って、この気持ちを分かち合いたいぐらいです。❹**
本当に、素敵な作品を紹介してくれて、ありがとうございました。ほかのお薦めの作品があったら、ぜひまた教えてください。
それでは、お元気で。
文より

variations » バリエーション

❶「感動しました」
감동했습니다.

빠져 버렸습니다.
ハマりました。

완전히 빠져 버렸습니다.
もう夢中になってしまいました。

❷「ストーリー展開が早くて意外性があって、最後まで目が離せませんでした」
스토리 전개가 빠르고 반전이 있어서 마지막까지 눈을 뗄 수가 없었어요.

손에 땀을 쥐는 전개로 계속 조마조마하며 봤습니다.
手に汗握る展開で、ハラハラしっぱなしで見ました。

영상도 아름답고 음악도 좋아서 바로 좋아하게 되었습니다.
映像もきれいだし、音楽も良くて、一気に好きになってしまいました。

❸「最終回は、もう涙なしでは見られませんでした」
최종회는 정말 눈물 없이는 볼 수 없었답니다.

몇 번이나 반복해 봐서 이미 대사를 외워 버린 것 같습니다.
何度も繰り返し見たので、もう台詞を覚えてしまいそうです。

한국에서 대히트 친 것도 이해 갑니다.
韓国で大ヒットしたのもうなずけます。

❹「今すぐにでもキョンミさんに会って、この気持ちを分かち合いたいぐらいです」
지금이라도 당장 경미 씨를 만나서 이 기분을 나누고 싶을 정도예요.

DVD가 나오면 반드시 살 거예요!
DVDが出たら、絶対に買います！

친구에게도 추천해 주려고요.
友達にも薦めてあげようと思いまして。

---

point ▶▶▶ ポイント

● 感想を伝えるフレーズ
　　되게 많이 울었어요. (とてもたくさん泣きました)
　　많은 힘을 얻었어요. (たくさんの力をもらいました)
　　10번 이상 봤어요. (10回以上見ました)
　　이 드라마의 주인공 연기는 훌륭했어요. (このドラマの主人公の演技は、すごかったです)
　　이 드라마의 주인공 역은 심학기 씨가 딱이었어요.
　　(このドラマの主人公役は、シム・ハッキさんにぴったりでした)

66 「ファンになりました」ファンレター

好きな俳優にファンレターを送ります。

○ 제목: 일본에서 보냅니다.

사랑하는 윤호 님

안녕하세요. 저는 일본 도쿄에 살고 있는 **학생인 사사키 나나라고 합니다.**❶ '내일로 가는 문'이라는 **드라마를 보고 윤호 님의 팬이 되었습니다.**❷ 윤호 님의 작품 가운데 가장 좋아하는 것은 영화 '여행자'입니다. 윤호님에게 이렇게 편지도 쓰고 **직접 만나서 이야기를 나누고 싶어서 한국어를 공부하고 있습니다.**❸ 한국에 있는 팬클럽에도 가입했습니다. 다음 달 서울에서 하는 팬 미팅에 참가하기 위해 지금 한국 여행을 준비하고 있습니다. 윤호 님을 직접 본다니 정말 꿈을 꾸는 것 같습니다.

저는 멀리 있지만 **항상 윤호 님을 응원하고 있습니다.**❹ 지금 촬영 중인 작품도 기대됩니다.

그럼, 건강 관리 잘하시고 안녕히 계세요.

사사키 나나 드림

件名：日本からお送りします。

大好きなユノさん

こんにちは。私は日本の東京に住んでいる**学生の佐々木奈々といいます。**❶ 『明日への扉』というドラマを見て、**ユノさんのファンになりました。**❷　ユノさんの作品の中で一番好きなのは、映画『旅人』です。ユノさんにこんなふうに手紙も書いて、**直接会って話したくて、韓国語を勉強しています。**❸　韓国にあるファンクラブにも入りました。来月ソウルで行われるファンミーティングに参加するために、今は韓国旅行の準備中です。ユノさんに直接会えるなんて、本当に夢のようです。

私は遠く離れていますが、**いつもユノさんのことを応援しています。**❹　今、撮影している作品も楽しみにしていますね。

それでは、お体にはお気を付けてお過ごしください。

佐々木奈々より

variations » バリエーション

❶「学生の佐々木奈々といいます」
학생인 사사키 나나라고 합니다.

회사원인 사사키 나오라고 합니다.
会社員の佐々木尚と申します。

주부인 사사키 유카리라고 합니다.
主婦の佐々木ゆかりと申します。

❷「ドラマを見て、ユノさんのファンになりました」
드라마를 보고 윤호 님의 팬이 되었습니다.

영화를 보고 팬이 되었습니다.
映画を見てファンになりました。

음악을 듣고 좋아하게 됐습니다.
曲を聞いて好きになりました。

❸「直接会って話したくて、韓国語を勉強しています」
직접 만나서 이야기를 나누고 싶어서 한국어를 공부하고 있습니다.

자막 없이 한국 드라마를 보고 싶어서 한국어를 공부하고 있습니다.
字幕なしで韓国ドラマを見てみたくて、韓国語を勉強しています。

여행 갔을 때에 한국어로 말하고 싶어서 한국어 공부를 시작했습니다.
旅行に行った時に韓国語で話してみたくて、韓国語の勉強を始めました。

❹「いつもユノさんのことを応援しています」
항상 윤호 님을 응원하고 있습니다.

활약을 기대합니다.
活躍楽しみにしていますね。

팬입니다.
ファンです。

point ▶▶▶ ポイント

학생(인)(学生の、学生である)の인は、省略が可能です。「東京に住んでいる主婦の佐々木奈々子といいます」という場合、日本語の「〜である…」という意味の「〜の」にあたる인は省略して도쿄에 살고 있는 주부 사사키 나나라고 합니다.とすることができます。もちろん、この인は省略しなければより文意が明確に伝わりますが、会話やメールなどでは省略されることも多くあります。

名前をいう時のルール

　「～さん」や「～様」のような表現については第1章で紹介しましたが、日本語でいう「呼び捨て」のように親しい友人同士や、年下の人の名前を言う際には、ちょっとした決まり事があります。

	場面	名前の最後に	後ろに付くもの	例
1	呼び掛けるとき	パッチム無	-야	미수야, 빨리 와. ミス、早く来なよ。
2		パッチム有	-아	지연아, 어디 가? チヨン、どこ行くの？
3	名前を言うだけのとき	パッチム無	何もつけない	미수가 뭐라고 했어? ミスが何て言ってた？
4		パッチム有	-이	지연이가 그렇게 말했어. チヨンがそう言ってたよ。

　大きく分けると「ねえ、チヨン」のように相手に「呼び掛けるとき」（表の1、2番）と、「昨日チヨンが言っていたんだけど」のように相手の「名前をいうだけのとき」（表の3、4番）の2つのパターンで呼び方が変わります。2と4の場合には、発音がそれぞれ「チヨナ」、「チヨニ」となるので、日本語の感覚で考えると、まるで元の名前が変わってしまっているかのような印象を受けるかもしれませんね。

第4章

オフィシャルメール

67 「韓国語の先生を探しています」ネットで先生を探す

インターネットで韓国語の先生を探します。

제목: 한국어 선생님 구합니다.

안녕하세요. 저는 도쿄에 살고 있는 회사원입니다. 한국어는 독학으로 2년 정도 공부했습니다. 이번에 한국어를 제대로 공부하고 싶어 한국어 과외 선생님을 찾고 있습니다.

제 한국어 실력은 **초급과 중급 사이입니다.**❶ **수업은 회화를 중심으로 공부하고 싶습니다.**❷ 구체적인 레슨 요일과 시간은 상담 후 정하겠습니다만, **평일은 저녁 6시 이후, 주말은 언제라도 괜찮습니다.**❸ 주 2회 1시간을 기준으로 했을 때 수업료가 어느 정도 되는지 알려 주시기 바랍니다. **장소는 신주쿠 부근 카페 같은 곳이 좋을 것 같습니다.**❹

연락 기다리고 있겠습니다. 감사합니다.

나카야마 켄

件名:韓国語の先生を探しています。

こんにちは。私は東京に住んでいる会社員です。韓国語は独学で2年ほど勉強しています。この度、韓国語をしっかりと勉強したく、韓国語の家庭教師の先生を探しています。

私の韓国語のレベルは、**初級と中級の間です。**❶　授業は、会話を中心に勉強したいと思っています。❷　具体的なレッスンの曜日や時間は、相談の後決めたいと思いますが、**平日は夕方6時以降、週末はいつでも大丈夫です。**❸　週2回、1時間を基準とした場合、授業料がどのくらいになるのかお知らせください。**場所は新宿付近のカフェなどでお願いできればと思います。**❹

ご連絡お待ち申し上げております。何卒よろしくお願い申し上げます。
中山健

variations　»　バリエーション

❶「初級と中級の間です」
초급과 중급 사이입니다.

초급 수준입니다.
初級レベルです。

이제 간신히 한글을 읽을 수 있는 수준입니다.
ハングルがやっと読める程度です。

❷「授業は、会話を中心に勉強したいと思っています」
수업은 회화를 중심으로 공부하고 싶습니다.

수험 대비를 하고 싶습니다.
検定対策をしたいです。

듣기를 강화하고 싶습니다.
聞き取りを強化したいです。

❸「平日は夕方6時以降、週末はいつでも大丈夫です」
평일은 저녁 6시 이후, 주말은 언제라도 괜찮습니다.

수요일이나 목요일 18시부터 20시까지로 생각하고 있습니다.
水曜か木曜の18時から20時までと考えています。

주말을 희망합니다.
週末を希望します。

❹「場所は新宿付近のカフェなどでお願いできればと思います」
장소는 신주쿠 부근 카페 같은 곳이 좋을 것 같습니다.

장소는 상담 후 정하겠습니다.
場所については、相談してから決めたいと思います。

괜찮은 장소가 있으면 알려 주세요.
良い場所がありましたらお知らせください。

---

point ▶▶▶ ポイント

メールのタイトルの구합니다.の基本形は、구하다です。これは「(必要な物を)求める、探す、買い求める」という意味です。
　　상부의 협조를 구하다 (上司の協力を求める)
　　일자리를 구하다 (仕事先を探す)
　　그 물건은 한국에서 구하기 어렵습니다. (その品物は、韓国で買うのは難しいです)
　　일할 사람을 구한다는 광고를 봤습니다. (働く人を探しているという広告を見ました)

68 「短期留学のコースについて教えてください」 語学学校への問い合わせ

コースについて問い合わせます。

제목: 여름학기에 관하여

담당자 님께

안녕하세요. 저는 일본 도쿄에서 회사를 다니고 있는 우치다 마유라고 합니다.
저는 올여름, 한국에 단기유학을 가려고 합니다. 그쪽 웹사이트에 나와 있는 8월 20일부터 시작하는 단기 코스에 관하여 **여쭙고 싶은 것이 있습니다.**❶
2주간과 4주간의 프로그램 중에서 저는 4주간 코스 신청을 생각하고 있습니다. 입학 **수속은 어떻게 하면 됩니까?**❷ 클래스는 초급반과 중급반이 있는 것 같은데 **반 편성은 어떻게 진행됩니까?**❸ 레벨 테스트는 있습니까? **클래스의 내용과 수업 방식, 한 클래스의 정원 등에 대해서도 알고 싶습니다.**❹ 이에 대한 안내문이 있으면 받아 보고 싶습니다. 혹시 일본어 안내문이 있으면 같이 보내 주십시오.

잘 부탁드립니다.

우치다 마유

件名:サマーコースについて

ご担当者様
こんにちは。私は、日本の東京で会社員をしております内田真由と申します。
私は、今年の夏に韓国での短期留学を考えております。そちらのウェブサイトに出ている、8月20日から始まる短期のコースについてお尋ねしたいことがあります。❶
2週間と4週間のプログラムの内、私は4週間のコースに申し込みたいと考えています。入学の**手続きはどうしたらいいでしょうか?**❷　クラスは、初級クラスと中級クラスがあるようですが、**レベル判定はどのように行うのでしょうか?**❸　レベルテストはありますか？　**クラスの内容と授業スタイル、1クラスの人数についても知りたく存じます。**❹　これについての案内があればいただきたいです。もし日本語の案内があれば、一緒に送ってください。
よろしくお願い申し上げます。
内田真由

variations » バリエーション

❶「お尋ねしたいことがあります」
여쭙고 싶은 것이 있습니다.

자세히 알고 싶어 연락드립니다.
詳しく知りたく、ご連絡差し上げました。

몇 가지 궁금한 게 있어 문의드립니다.
いくつかお伺いしたいことがあり、問い合わせいたしました。

❷「手続きはどうしたらいいでしょうか？」
수속은 어떻게 하면 됩니까?

어떻게 신청하면 됩니까?
どのように申し込んだらいいでしょうか？

신청하고 싶은데, 어떤 절차를 밟으면 되나요?
申し込みたいのですが、どのような手順を踏んだらいいのでしょうか？

❸「レベル判定はどのように行うのでしょうか？」
반 편성은 어떻게 진행됩니까?

시험을 봐야 합니까?
試験を受ける必要があるのでしょうか？

레벨 테스트를 받아야 합니까? 언제 받으면 되나요?
レベルチェックを受ける必要があるでしょうか？ いつ受けたらいいでしょうか？

❹「クラスの内容と授業スタイル、１クラスの人数についても知りたく存じます」
클래스의 내용과 수업 방식, 한 클래스의 정원 등에 대해서도 알고 싶습니다.

죄송합니다만, 구체적인 수업 내용을 알려 주시겠습니까?
お手数ですが、具体的な授業内容を教えていただけないでしょうか？

사용 교재에 관해 알려 주시면 감사하겠습니다.
使用するテキストについて教えていただけると助かります。

---

point ▶▶▶ ポイント

● 試験に関する表現
시험을 보다 (試験を受ける)　　　시험에 떨어지다 (試験に落ちる)
테스트를 받다 (テストを受ける)　합격 (合格)
시험에 붙다 (試験に受かる)　　　불합격 (不合格)

69 「宿泊先を検討しています」
宿泊先の情報の提供依頼

寮やホームステイ先の情報を提供してほしいと依頼します。

제목: 숙소에 관하여

담당자 님께

저는 다케다 히로토라고 합니다. 일본인입니다. **이번 9월부터 시작하는 귀교의 3개월 한국어 코스를 수강할 예정입니다.**❶ 제가 한국에 머무는 동안 사용할 **숙소에 관해 알고 싶어서 연락드립니다.**❷

제가 가장 희망하는 것은 현지 가정의 홈스테이입니다. 혹시 안 된다면 **학생 기숙사에 들어가고 싶습니다.**❸ 기숙사는 한 방을 몇 명이 사용합니까? **룸메이트는 한국인입니까?**❹ 숙소는 언제 어떻게 정해지는 건가요? 숙소가 되도록 빨리 정해지면 좋겠습니다.

답변 주시면 감사하겠습니다. 잘 부탁드립니다.

다케다 히로토

件名:宿泊先について
ご担当者様
私は竹田寛人と申します。日本人です。**今年の9月から始まる貴校の3カ月の韓国語コースを受講する予定です。**❶ 私が韓国に滞在する間使用する**宿泊先について知りたくて、ご連絡差し上げました。**❷

私の第1希望は、現地の方のご家庭でホームステイをすることです。もし無理であれば、**学生寮を希望します。**❸ 寮は、何人部屋でしょうか? **ルームメイトは、韓国人でしょうか?**❹ 宿泊先は、いつどのように決まるのでしょうか? 宿泊先は、できるだけ早く決めたいと思っております。

ご回答いただけましたら幸いです。何卒よろしくお願い申し上げます。
竹田寛人

variations » バリエーション

❶「今年の9月から始まる貴校の3カ月の韓国語コースを受講する予定です」
이번 9월부터 시작하는 귀교의 3개월 한국어 코스를 수강할 예정입니다.

내년부터 1년간 교환학생으로 귀교에서 공부할 예정입니다.
来年から1年間、交換留学にて貴校で勉強する予定です。

이전에 여름 단기 유학을 신청한 사람입니다.
以前、夏の短期留学に申し込んだ者です。

❷「宿泊先について知りたくて、ご連絡差し上げました」
숙소에 관해 알고 싶어서 연락드립니다.

하숙에 관해 알고 싶어서 연락드립니다.
下宿について知りたく、ご連絡差し上げました。

숙소 종류에 관해 알고 싶어서 연락드립니다.
宿泊先の選択肢についてお教えいただきたく、ご連絡差し上げました。

❸「学生寮を希望します」
학생 기숙사에 들어가고 싶습니다.

홈스테이를 희망합니다.
ホームステイを希望したいと思います。

호텔 등에서 숙박하기를 원합니다.
ホテル等での宿泊を希望します。

❹「ルームメイトは、韓国人でしょうか？」
룸메이트는 한국인입니까?

방에 무선 랜은 있습니까?
部屋には無線LANはありますでしょうか？

기숙사의 경우 식사나 샤워 시설은 어떻게 되어 있습니까?
寮の場合は、食事やシャワー施設はどのようになっていますか？

point ▶▶▶ ポイント

留学などをする際に、考えなければならないのが住居です。短期留学であるのか長期留学であるのかによっても違いがありますが、主に기숙사（寮）、하숙（下宿）、홈스테이（ホームステイ）、そして自身で部屋を借りるなどの方法があります。寮については通う学校のホームページで 기숙사 신청안내（寮の申し込み案内）などを参考にしてください。

기숙사 안내（寮案内）	이용료（利用料）
기숙사 신청（寮の申し込み）	기숙사비 입금 방법（寮費入金方法）
신청 방법（申込方法）	기숙사비 송금（寮費送金）
이메일로 접수（メールで申し込み）	기숙사 관련 문의（寮関連の問い合わせ）

70 「ホームステイでお世話になります」
簡単な自己紹介

ホームステイ先の家族に簡単な自己紹介とあいさつを送ります。

○ 제목: 인사드립니다.

최선희 님께

안녕하세요. 저는 일본 홋카이도에 사는 마쓰모토 가오루라고 합니다. 이번에 한일국제교류재단의 소개로 최선희 님 댁에서 홈스테이를 하게 되었습니다. 아마 재단을 통해서 이야기를 들으셨을 거라 생각합니다. **기간은 3월 1일부터 두 달간입니다.**❶

저는 현재 대학교 3학년입니다. **법학을 전공하고 있지만 한국 문화에 매우 관심이 많습니다.**❷ **한국어 공부는 2년 정도 했지만 독학으로 해서 많이 미숙합니다.**❸

이번에 최선희 님 댁에서 홈스테이를 하면서 한국의 가정을 직접 느끼고 한국 문화에 대해서 많이 배우고 싶습니다.❹ 홈스테이의 기회를 주셔서 정말 감사합니다. 아무쪼록 잘 부탁드립니다. 그럼 3월에 뵙겠습니다.

마쓰모토 가오루 드림

件名:ごあいさつ申し上げます。

チェ・ソニ様

こんにちは。私は日本の北海道に住んでいる松本薫と申します。今回、日韓国際交流財団の紹介で、チェ・ソニさんのお宅でホームステイをすることになりました。おそらく財団を通して話を聞かれていることと思います。**期間は3月1日から2カ月間です。**❶

私は、今大学3年生です。**法学を専攻していますが、韓国の文化にとても興味を持っています。**❷ **韓国語は2年ほど勉強しましたが、独学でさほどうまくはありません。**❸

今回、チェ・ソニさんのお宅でホームステイをしながら韓国の家庭を直に感じ、韓国文化についてたくさん学びたいと思っています。❹ ホームステイの機会をくださり、本当にありがとうございます。どうぞよろしくお願い申し上げます。それでは、3月にお目にかかりたいと思います。
松本薫

variations　»　バリエーション

❶「期間は３月１日から２カ月間です」
기간은 3월 1일부터 두 달간입니다.

8월 1일부터 3주간입니다.
8月１日から３週間です。

1일 낮 12시 인천공항에 도착할 예정입니다.
１日は、昼の12時に仁川空港に着く予定です。

❷「法学を専攻していますが、韓国の文化にとても興味を持っています」
법학을 전공하고 있지만 한국 문화에 매우 관심이 많습니다.

졸업 후에는 한국과 관련된 일을 하고 싶습니다.
卒業後は韓国に関連のある仕事に就きたいと思っています。

대학교에서 한국인 친구를 만나서 한국에 흥미를 갖기 시작했습니다.
大学で韓国人の友人ができて、韓国に興味を持ち始めました。

❸「韓国語は２年ほど勉強しましたが、独学でさほどうまくはありません」
한국어 공부는 2년 정도 했지만 독학으로 해서 많이 미숙합니다.

한국어는 제2외국어로 공부했지만 자신은 별로 없습니다.
韓国語は第２外国語で勉強しましたが、あまり自信はありません。

한국어로 실제 회화를 해 본 적이 아직 없어서 조금 불안합니다.
まだ韓国語で実際に会話をしたことがないので、少し不安です。

❹「今回、チェ・ソニさんのお宅でホームステイをしながら韓国の家庭を直に感じ、韓国文化についてたくさん学びたいと思っています」
이번에 최선희 님 댁에서 홈스테이를 하면서 한국의 가정을 직접 느끼고 한국 문화에 대해서 많이 배우고 싶습니다.

홈스테이는 처음이라서 매우 긴장됩니다.
ホームステイは初めてなので、とても緊張しています。

해외에서 생활하는 것이 처음이라서 벌써부터 매우 기대가 됩니다.
海外で生活をするのは初めてなので、今からとても楽しみです。

point ▶▶▶ ポイント

ホームステイをする場合に、ホームステイ先の以下のことも尋ねておくと安心かもしれません。
　　집 형태（家のタイプ）：아파트（マンション）、단독주택（一戸建て）
　　자녀（子供）　　인터넷（インターネット）　　애완동물（ペット）　　종교（宗教）

71 「ファンミーティングに参加したいです」
イベントへの問い合わせ

韓国で行われるファンミーティングについて問い合わせます。

○ 제목: 팬 미팅에 참가하고 싶어요.

안녕하세요. 저는 일본 나고야에 살고 있는 이시다 이쿠코라고 합니다. 이달 말에 있는 배우 심학기 씨의 **팬 미팅에 참가하고 싶은데❶**, 몇 가지 궁금한 점이 있어 연락드립니다.
번거롭겠지만 아래 질문에 대하여 답변 주시면 감사하겠습니다.

1. 팬 미팅은 어떻게 신청하면 됩니까?
2. 장소는 어디이고 인천공항에서 어떻게 가면 됩니까?
3. 참가비는 얼마입니까?
4. **제가 지금 일본에 있는데 참가비는 어떻게 지불하면 됩니까?❷**
5. 참가 신청 후 캔슬하면 취소 수수료가 발생합니까? 있으면 얼마입니까?
6. **혹시 일본어 통역이 있을까요?❸**

이번 팬 미팅에 꼭 참가하고 싶습니다.❹ 잘 부탁드립니다.

이시다 이쿠코 드림

件名：ファンミーティングに参加したいです。

こんにちは。私は日本の名古屋に住んでいる石田育子と申します。今月末にある、俳優のシム・ハッキさんの**ファンミーティングに参加したいのですが❶**、いくつか知りたいことがあり連絡差し上げました。
お手数をおかけしてしまいますが、以下の質問にお答えいただけましたら幸いです。
1. ファンミーティングは、どのように申し込めばいいのでしょうか？
2. 場所はどこで、仁川空港からどうやって行ったらいいのでしょうか？
3. 参加費はいくらですか？
4. **私は今、日本にいるのですが参加費はどのようにして支払ったらいいのでしょうか？❷**
5. 参加申し込みをした後にキャンセルをした場合には、キャンセル料金がかかりますか？ あるとしたらいくらですか？
6. **日本語の通訳はあるのでしょうか？❸**
今回のファンミーティングに絶対参加したいです。❹ よろしくお願い申し上げます。
石田育子より

variations ≫ バリエーション

❶ 「ファンミーティングに参加したいです」
팬 미팅에 참가하고 싶습니다.

시사회 때 하는 무대 인사를 보러 가고 싶습니다.
試写会の際の舞台挨拶を見に行きたいです。

콘서트 티켓을 사고 싶습니다.
コンサートのチケットを購入したいです。

❷ 「私は今、日本にいるのですが参加費はどのようにして支払ったらいいのでしょうか？」
제가 지금 일본에 있는데 참가비는 어떻게 지불하면 됩니까?

해외에서 송금하는 방법을 알려 주세요.
海外からの送金の方法を教えてください。

티켓은 어떻게 받으면 될까요?
チケットはどのように受け取ったらいいのでしょうか？

❸ 「日本語の通訳はあるのでしょうか？」
혹시 일본어 통역이 있을까요?

직원 중에 일본어를 하는 분이 있습니까?
スタッフの中に、日本語の分かる方はいらっしゃいますか？

한국어를 잘 몰라도 참가할 수 있을까요?
韓国語があまりよく分からなくても、参加することはできるでしょうか？

❹ 「今回のファンミーティングに絶対参加したいです」
이번 팬 미팅에 꼭 참가하고 싶습니다.

팬 미팅 날이 벌써부터 몹시 기다려집니다.
ファンミーティングの日が、今からとても待ち遠しいです。

멋진 이벤트를 기획해 주셔서 감사합니다.
素敵なイベントを企画してくださり、ありがとうございます。

---

point ▶▶▶ ポイント

ファンミーティングなどのチケット購入の際、下の単語を知っておくと知りたい情報が探しやすくなります。

공연명（公演名）　　　　　공연 일시（公演日時）
공연 장소（公演場所）　　　티켓 가격（チケット価格）

72 「お返事いただけましたら助かります」 返信を催促する

71へ返信をしましたが、その後連絡がありません。担当者から再度メールを送ります。

제목: 팬 미팅 참가에 관해서

이시다 이쿠코 님

안녕하세요. **배우 심학기 팬클럽에서 행사 담당을 하고 있는 이민정이라고 합니다.**❶ 배우 심학기를 좋아해 주시고 팬 미팅에 관심을 보여 주셔서 정말 감사합니다.

지난 5월 8일 이시다 이쿠코 님으로부터 팬 미팅 참가 희망 메일을 받고, 그 다음 날 참가 신청서를 첨부해서 답장을 보냈습니다. 물론 답장에는 이시다 이쿠코 님의 질문에 대한 답변도 있습니다. **그런데 그 후 이시다 이쿠코 님으로부터 참가 신청서나 연락이 오지 않아 확인 메일을 보냅니다.**❷ 혹시 메일이 잘 도착하지 않았는지 걱정도 되고요.❸ 죄송하지만 메일을 확인해 보시고 답장 주시면 **감사하겠습니다.**❹ 팬 미팅 참가 신청 접수는 이번 주까지이므로 기간에 늦지 않게 주의하시기 바랍니다. 감사합니다.

이민정 드림

件名：ファンミーティングの参加について

石田育子様

こんにちは。俳優シム・ハッキのファンクラブでイベントの担当をしているイ・ミンジョンと申します。❶ 俳優シム・ハッキを応援してくださり、ファンミーティングについてお問い合わせくださりありがとうございました。

去る5月8日に石田育子様から、ファンミーティングへの参加希望のメールをいただきまして、翌日に参加申込書を添付し返信いたしました。もちろん返信には石田育子様の質問に対する回答もございます。ですがその後、石田育子様からの申込書や連絡がなく、確認メールをお送りしました。❷ もしかしたらメールがちゃんと届いていないのかと心配でもありますし。❸ 申し訳ありませんが、メールをご確認いただきましてご返信いただけましたら幸いです。❹ ファンミーティングへの参加申し込みは今週までのため、期間に遅れませぬようご注意ください。よろしくお願い申し上げます。

イ・ミンジョンより

variations » バリエーション

❶ 「俳優シム・ハッキのファンクラブでイベントの担当をしているイ・ミンジョンと申します」
배우 심학기 팬클럽에서 행사 담당을 하고 있는 이민정이라고 합니다.

이전에 심학기 씨 팬 미팅에 대해 문의한 사람입니다.
先日、シム・ハッキさんのファンミーティングについて問い合わせた者です。

지난주에 메일로 행사 참가 방법에 대해 질문을 보낸 이시다 이쿠코라고 합니다.
先週、メールにてイベントへの参加方法について質問を送った、石田育子と申します。

❷ 「ですがその後、石田育子様からの申込書や連絡がなく、確認メールをお送りしました」
그런데 그 후 이시다 이쿠코 님으로부터 참가 신청서나 연락이 오지 않아 확인 메일을 보냅니다.

메일 보낸 후 한동안 기다렸습니다만, 답장이 오지 않은 듯하여 확인 차 연락드립니다.
メールをお送りしてからしばらく待っていたのですが、返信いただけていないようなので確認したく連絡差し上げました。

제가 보낸 메일은 잘 도착했나요?
私がお送りしたメールは、無事に届いておりますでしょうか？

❸ 「もしかしたらメールがちゃんと届いていないのかと心配でもありますし」
혹시 메일이 잘 도착하지 않았는지 걱정도 되고요.

어쩌면 제가 보낸 메일이 잘 도착하지 않았을지도 모르겠네요.
ひょっとしたら、私がお送りしたメールが、ちゃんと届いていないのかもしれませんね。

어쩌면 메일 내용에 이해하기 어려운 부분이 있었을지도 모르겠습니다.
ひょっとしたら、メールの内容に分かりにくい部分があったのかもしれません。

❹ 「申し訳ありませんが、メールをご確認いただきましてご返信いただけましたら幸いです」
죄송하지만 메일을 확인해 보시고 답장 주시면 감사하겠습니다.

연락이 서로 엇갈렸다면 죄송합니다.
連絡が行き違いになってしまいましたら申し訳ありません。

번거롭게 해 드려 죄송합니다만, 답장 주시면 감사하겠습니다.
お手数をおかけしてしまい大変恐縮なのですが、ご返信いただけましたら幸いです。

---

point ▶▶▶ ポイント

메일 본문에 있는 배우 심학기를 좋아해 주시고 팬 미팅에 관심을 보여 주셔서 정말 감사합니다. (俳優シム・ハッキを応援してくださり、ファンミーティングについてお問い合わせくださりありがとうございました) 를 직역하면 「俳優シム・ハッキを好いてくださり、ファンミーティングに関心を見せてくださって、本当にありがとうございます」입니다. 이 관심을 보여 주셔서 정말 감사합니다.는 문의에 대해서의 답신 등에서 자주 사용되는 표현입니다. 관심을 가져 주셔서 대단히 감사합니다. (関心を持ってくださり本当にありがとうございます) 라는 표현도 가능합니다.

73 「どの駅が最寄りでしょうか？」
問い合わせる

大学の説明会に必要な物や、行き方などについて問い合わせます。

○ 제목: 입학 설명회 참가 희망.

성균관대학교 입학 담당자 님께

안녕하세요. 저는 일본 도쿄에 사는 세키구치 아야라고 합니다. 현재 한국 유학을 준비하고 있습니다.
이번 4월 25일에 실시하는 귀 학교의 입학 설명회에 참가하려고 합니다.❶ 혹시 제가 당일 준비해 가야 하는 것이 있으면 알려 주시기 바랍니다.❷
그리고 제가 외국인이라 지리를 잘 알지 못하는데 학교는 **어느 역에서 가장 가깝습니까?❸** 4호선 혜화역으로 되어 있는데 전철 노선도를 보니 성균관대학교역이 따로 있어서 그 역이 맞는 건지 잘 모르겠습니다. **학교 근처에 공항버스 정류장이 있는지도 궁금합니다.❹**
마지막으로, 입학 설명회에 참여하면 어떤 특혜가 있는지도 알려 주시기 바랍니다.
그럼 답변 기다리겠습니다. 잘 부탁드립니다.

세키구치 아야

件名：入試説明会への参加を希望します。

成均館大学　入試担当者様
こんにちは。私は日本の東京在住の関口彩と申します。現在、韓国への留学を準備しております。
来る4月25日に実施される貴校の入試説明会に参加したいと思っております。❶　もし私が当日に準備して行かなければならない物がございましたらお知らせください。❷
そして、私が外国人なので地理がよく分からないのですが、**学校はどの駅が最寄りでしょうか？❸**4号線の恵化駅となっていますが、地下鉄の路線図を見ると成均館大学駅がほかにあり、その駅が合っているのかよく分かりません。**学校の近くに、空港バスの停留所があるのかも知りたいです。❹**　最後に、入試説明会に参加すると、何かしらのメリットがあるのかも教えていただければと思います。
それでは、返信お待ちしております。よろしくお願い申し上げます。
関口彩

variations » バリエーション

❶「来る４月25日に実施される貴校の入試説明会に参加したいと思っております」
이번 4월 25일에 실시하는 귀 학교의 입학 설명회에 참가하려고 합니다.

대학원 입학 설명회는 언제 있을 예정입니까?
大学院の入試説明会は、いつある予定でしょうか？

입학시험을 치르는 경우에는 입학 설명회에 반드시 참석해야만 합니까?
入試を受ける場合には、入試説明会に必ず参加しなければならないのでしょうか？

❷「もし私が当日に準備して行かなければならない物がございましたらお知らせください」
혹시 제가 당일 준비해 가야 하는 것이 있으면 알려 주시기 바랍니다.

당일 준비물이 있으면 알려 주세요.
当日、持参する物があれば、お教えください。

당일 복장은 정장 차림이 좋을까요?
当日の服装は、スーツの方がいいでしょうか？

❸「どの駅が最寄りでしょうか？」
어느 역에서 가장 가깝습니까?

역에서 도보로 몇 분 정도 걸립니까?
駅からは、徒歩で何分ぐらいかかりますか？

역에서는 버스를 타는 게 좋을까요?
駅からは、バスに乗って行った方がいいでしょうか？

❹「学校の近くに、空港バスの停留所があるのかも知りたいです」
학교 근처에 공항버스 정류장이 있는지도 궁금합니다.

인천공항에서는 어떻게 가는 게 좋을까요?
仁川空港からは、どのように行ったらいいでしょうか？

대학교 근처에 호텔 등의 숙박 시설은 있습니까?
大学の近くにホテルなどの宿泊施設はありますか？

---

point ▶▶▶ ポイント

학교 근처에 공항버스가 있는지도 궁금합니다. (学校の近くに、空港バスがあるのかも知りたいです)에서 사용된 궁금합니다의 기본형은, 궁금하다 (気になる、気掛かりだ)です。この場合は 알고 싶습니다 (知りたいです)と言い換えることも可能です。

　　지금 뭐 하는지 궁금합니다. (今、何をしているのか知りたいです／気になります)
　　궁금한 게 있으면 물어보세요. (気になることがあったら聞いてください)

74 「日本語のできるスタッフの方はいますか？」
行事で使用される言語について質問する

参加したい行事に、日本語のできるスタッフがいるか問い合わせます。

○ 제목 : 행사 참가 신청 문의

안녕하세요. 저는 일본 대학에서 국제관계학을 전공하고 있는 히로세 유키라고 합니다. 여름 방학에 실시하는 '동아시아 청년 워크숍'에 관심이 있어 문의드립니다.

행사 내용을 보니 한국과 일본의 대학생들이 일주일간 함께 지내며 평화에 관해 토론을 하고, 한국의 역사 유적지를 답사하는 것으로 되어 있습니다. **기회가 된다면 저도 꼭 참가해 보고 싶은 프로그램입니다.**❶

그런데 한 가지 질문이 있습니다.❷ **기본적으로 이 행사는 어떤 언어로 진행이 됩니까?**❸ 저는 일본어와 영어는 할 수 있으나 한국어는 잘 못 합니다. 한국어는 읽을 수는 있지만 토론을 하기에는 어려운 실력입니다. **행사가 영어로 진행되거나 일본어 통역이 없으면 참가할 수 없을 것 같아 걱정입니다.**❹ 행사 준비로 바쁘시겠지만 답변 주시면 감사하겠습니다.

히로세 유키

件名：行事への参加申し込みについての問い合わせ

こんにちは。私は日本の大学で国際関係学を専攻しております広瀬由紀と申します。夏休みに実施される「東アジア青年ワークショップ」に興味があり問い合わせいたしました。
行事の内容を拝見しましたところ、韓国と日本の大学生たちが１週間共に過ごしながら平和に関して討論を行い、韓国の遺跡を訪ねるとありました。**機会が得られるのであれば、私もぜひ参加してみたいプログラムです。**❶
ところで、一つ質問があります。❷ **基本的にこの行事は、何語で行われますでしょうか？**❸
私は、日本語と英語はできますが、韓国語はあまりできません。韓国語は読めはしますが、討論するには難しいレベルです。**行事が英語で進行したり、日本語通訳がなければ参加することができそうもなく、心配です。**❹ 行事の準備でご多忙のことと存じますが、ご返信いただけましたら幸いです。
広瀬由紀

variations » バリエーション

❶「機会が得られるのであれば、私もぜひ参加してみたいプログラムです」
기회가 된다면 저도 꼭 참가해 보고 싶은 프로그램입니다.

저도 이 프로그램에 꼭 참가하고 싶습니다.
私もこのプログラムに、ぜひ参加したいです。

프로그램 내용에 큰 관심이 있습니다.
プログラムの内容にとても興味があります。

❷「ところで、一つ質問があります」
그런데 한 가지 질문이 있습니다.

프로그램 참가에 대해서 조금 걱정인 점이 있습니다.
プログラムの参加について、少し心配な点があります。

몇 가지 궁금한 점이 있습니다.
いくつかお伺いしたい点があります。

❸「基本的にこの行事は、何語で行われますでしょうか？」
기본적으로 이 행사는 어떤 언어로 진행이 됩니까?

한국어를 모르면 참가할 수 없을까요?
韓国語が分からないと、参加することはできないでしょうか？

한국어능력시험이라면 몇 급 수준의 한국어 실력이 필요합니까?
韓国語能力試験でいうと何級レベルの韓国語能力が必要ですか？

❹「行事が英語で進行したり、日本語通訳がなければ参加することができそうもなく、心配です」
행사가 영어로 진행되거나 일본어 통역이 없으면 참가할 수 없을 것 같아 걱정입니다.

제 한국어 실력으로 참가할 수 있을지 걱정이 큽니다.
私の韓国語の実力で参加することができるかどうか、とても心配です。

일본어가 가능한 분이 계신다니, 아주 마음 든든합니다.
日本語のできる方がいらっしゃるとのことで、とても心強いです。

point ▶▶▶ ポイント

ワークショップなどの申し込み時に必要な単語には、次のようなものがあります。

참가 신청서（参加申込書）　　생년월일（生年月日）
신청인 성명（申込者氏名）　　연락처 및 E-mail 주소（連絡先およびメールアドレス）
소속 대학（所属大学）　　　　지원 동기（申込の動機）
성별（性別）　　　　　　　　자기소개서（自己紹介書）

75 「ポジャギの体験レッスンに参加したいのですが」
体験レッスンに申し込む

ポジャギの体験レッスンに申し込みます。

제목: 보자기 만들기 체험에 관해서

안녕하세요. **보자기 만들기 체험 광고를 보고 연락드립니다.❶** 저는 일본인입니다. 수업이 아직 마감되지 않았는지, **제가 지금이라도 신청할 수 있는지 궁금합니다.❷**

이전에 한국 친구로부터 보자기를 선물 받았는데, 너무 예뻐서 **꼭 한번 제 손으로 만들어 보고 싶었습니다.❸** 그런데 **제가 보자기를 한 번도 만들어 본 적이 없는데 수업에 참여하는 게 어렵지 않을까요?❹** 참가비는 당일 지불해도 되는지, 수업 도중에 사진을 찍어도 되는지도 궁금합니다.

이번에 마침 한국에 갈 기회가 있는데, 가능하면 꼭 보자기 만들기 체험을 해 보고 싶습니다.
답변 부탁드립니다.

이나바 유코

件名：ポジャギ作り体験について

こんにちは。ポジャギ作り体験の広告を見て連絡差し上げました。❶ 私は日本人です。レッスンがまだ締め切られていないか、私が今からでも申し込めるのかどうか知りたいです。❷

以前、韓国の友人からポジャギをプレゼントされたのですが、あまりにもかわいくて、ぜひ一度自分の手で作ってみたいと思っていました。❸ ですが、私がポジャギを一度も作ってみたことがないのにレッスンに参加するのは難しくはないでしょうか？❹ 参加費は当日にお支払してもいいのかどうか、レッスン中に写真を撮ってもいいのかも知りたいです。

今回ちょうど韓国に行く機会があるので、できればぜひポジャギ作り体験をしてみたいです。
ご返信よろしくお願い申し上げます。
稲葉優子

variations » バリエーション

❶「ポジャギ作り体験の広告を見て連絡差し上げました」
보자기 만들기 체험 광고를 보고 연락드립니다.

한국의 가정요리 체험 수업에 신청하고 싶어서 연락드립니다.
韓国の家庭料理の体験レッスンに申し込みたく、連絡差し上げました。

궁중요리 체험 수업 참가를 희망합니다.
宮廷料理の体験レッスンへの参加を希望します。

❷「私が今からでも申し込めるのかどうか知りたいです」
제가 지금이라도 참여할 수 있는지 궁금합니다.

지금도 신청할 수 있나요?
まだ申し込みは可能ですか?

아직 참가 신청을 받고 있나요?
まだ参加を受け付けていますか?

❸「ぜひ一度自分の手で作ってみたいと思っていました」
꼭 한번 제 손으로 만들어 보고 싶었습니다.

한국 음식이 너무나 맛있어서 한번 배워 보고 싶습니다.
韓国の食べ物があまりにも美味しいので一度、習ってみたいです。

한국 요리에 관심을 갖게 되어 한국에 왔습니다.
韓国料理に興味を持つようになり、韓国に来ました。

❹「私がポジャギを一度も作ってみたことがないのにレッスンに参加するのは難しくはないでしょうか?」
제가 보자기를 한 번도 만들어 본 적이 없는데 수업에 참여하는 게 어렵지 않을까요?

초보자도 참가할 수 있을까요?
初心者も参加可能でしょうか?

한국어를 잘하지 못하는데 괜찮을까요?
韓国語が、まだあまりうまくなくても大丈夫でしょうか?

point ▶▶▶ ポイント

한국의 전통문화의 체험교실에는, 다양한 것이 있습니다.
韓国の伝統文化の体験教室には、さまざまなものがあります。

음식(料理)	김치 만들기(キムチ作り)	떡 만들기(餅作り)
공예(工芸)	한지공예(韓紙工芸)	매듭(組み紐)　탈 만들기(お面作り)
예능(芸能)	사물놀이(サムルノリ)	무용(舞踊)

76 「どの程度の韓国語の実力が必要なのか知りたいです」
留学に必要な語学レベルの問い合わせ

留学に必要な語学レベルや入学許可証発行について問い合わせます。

제목: 일본의 가미카와 다이스케입니다.

안녕하세요. 저는 가미카와 다이스케라고 합니다. 일본 대학의 사회학과를 졸업하고, 내년부터 서울대학교에서 유학하기를 희망하여 현재 준비 중입니다.

제가 그쪽 수업을 들으려면 어느 정도 한국어 실력이 있어야 하는지 궁금합니다.❶ 아직 수업을 들을 만한 실력이 못 되어서 걱정입니다. **혹시 외국인을 위해 개설한 별도의 수업이 있으면 알려 주시기 바랍니다.❷** 그리고 입학시험이나 어학 레벨 테스트를 받아야 한다면 이에 대한 정보도 주십시오.

입학 허가증은 언제 정도 받을 수 있을까요? ❸ 비자 발행에 필요하기 때문에 빨리 받았으면 합니다.❹

그럼 연락 기다리겠습니다.

가미카와 다이스케

件名:日本の上川大輔です。

こんにちは。私は上川大輔と申します。日本の大学の社会学科を卒業し、来年からのソウル大学での留学を希望しており、現在準備しております。

私がそちらの授業を聞こうとするのであれば、どの程度の韓国語の実力が必要なのか知りたいです。❶ まだ授業を聞くほどの実力ではなく心配です。**もし外国人のために開かれている別の授業があればお教えください。❷** それと、入学試験や語学レベルテストを受けなければならないのであれば、これについての情報もいただきたいです。

入学許可証は、いつごろ受け取れますでしょうか?❸ ビザの発行に必要なため、早く受け取れればと思います。❹
それでは、ご連絡お待ちしております。
上川大輔

variations » バリエーション

❶「私がそちらの授業を聞こうとするのであれば、どの程度の韓国語の実力が必要なのか知りたいです」

제가 그쪽 수업을 들으려면 어느 정도 한국어 실력이 있어야 하는지 궁금합니다.

수업을 들으려면 어느 정도의 한국어 실력이 필요한가요?
授業を聞くには、どの程度の韓国語の実力が必要なのでしょうか？

한국어는 제2외국어로 공부한 적은 있지만, 수업을 들을 만한 실력이 되는지는 잘 모르겠습니다.
韓国語は第2外国語で勉強したことがあるだけなのですが、授業を聞けるレベルなのかはよく分かりません。

❷「もし外国人のために開かれている別の授業があればお教えください」

혹시 외국인을 위해 개설한 별도의 수업이 있으면 알려 주시기 바랍니다.

유학생을 위한 지원 제도는 따로 있습니까?
留学生のためのサポート制度は、別途ありますか？

튜터 제도가 있습니까?
チューター制度はありますか？

❸「入学許可証は、いつごろ受け取れますでしょうか？」

입학 허가증은 언제 정도 받을 수 있을까요?

입학 여부는 언제 정도 알 수 있을까요?
入学の可否は、いつごろに分かりますか？

수업 개강일은 언제로 예정하고 있습니까?
授業はいつから開講予定でしょうか？

❹「ビザの発行に必要なため、早く受け取れればと思います」

비자 발행에 필요하기 때문에 빨리 받았으면 합니다.

나중에 어떤 절차를 밟으면 되는지 잘 모르겠습니다.
今後、どのような手続きをしていったらいいのか、よく分かりません。

항공권 예약을 위해서 정확한 시기를 알고 싶습니다.
航空券の予約との関連で、正確な時期を知りたいです。

point ▶▶▶ ポイント

問い合わせたい内容が複数ある場合には、質問したい項目を個条書きにしても構いません。読み手にも分かりやすい文章構成を心掛けましょう。

77 「入学の許可証が届いていません」
必要書類の催促

ビザの申請に必要な書類が届いていないことについて問い合わせます。

제목: 입학 허가증 발송 건

안녕하세요. 다음 학기부터 귀교에서 유학하게 될 가미카와 다이스케라고 합니다.

제가 한국에 가기 위한 비자 발급을 위해서는 입학 허가증이 필요합니다. **지난번 연락에서 보내 주신다고 해서 기다리고 있는데, 아직 도착하지 않았습니다.**❶ 발송은 보통우편으로 했습니까, EMS로 했습니까? **시간이 별로 없어서 될 수 있는 대로 빨리 입학 허가증을 받고 싶습니다.**❷

번거로우시겠지만, 발송이 되었는지 확인 부탁드립니다.❸ 혹시 이미 보내셨다면 보냈다고 연락 주시면 감사하겠습니다.❹

가미카와 다이스케

件名：入学許可証の発送の件

こんにちは。来学期から貴校に留学します上川大輔と申します。

私が韓国に行くためのビザの発行の為には、入学許可証が必要です。**前回の連絡でお送りくださるとのことだったのでお待ち申し上げているのですが、まだ届いておりません。**❶ 発送は普通郵便ですか、EMSですか？ 時間があまりないため、できる限り早く入学許可証を受け取りたいのです。❷

お手数をお掛けしてしまいますが、発送されたかどうかご確認いただけましたら幸いです。❸ もしすでに送ってくださったのであれば、発送済であるとご連絡いただけましたらありがたいです。❹
上川大輔

4 オフィシャルメール

variations » バリエーション

❶ 「前回の連絡でお送りくださるとのことだったのでお待ち申し上げているのですが、まだ届いておりません」
지난번 연락에서 보내 주신다고 해서 기다리고 있는데, 아직 도착하지 않았습니다.

벌써 도착하고도 남을 시간인데 아직 도착하지 않았습니다.
もうすでに届いていても良い時期なのですが、まだ届いていません。

제 쪽에서는 아직 도착 확인이 안 되었습니다.
私の方では、まだ到着が確認できていません。

❷ 「時間があまりないため、できる限り早く入学許可証を受け取りたいのです」
시간이 별로 없어서 될 수 있는 대로 빨리 입학 허가증을 받고 싶습니다.

비자 발행에 필요한 시간을 고려하면 시간이 별로 없습니다.
ビザの発行に必要な時間を考慮すると、時間があまりありません。

비자 신청에 필요한 다른 것들은 전부 구비하였고, 이제 입학 허가증만 남았습니다.
ほかのビザの申請に必要な物はすべてそろっており、後は入学許可証だけなのです。

❸ 「お手数をお掛けしてしまいますが、発送されたかどうかご確認いただけましたら幸いです」
번거로우시겠지만, 발송이 되었는지 확인 부탁드립니다.

죄송합니다만, 이미 발송했는지 확인해 주실 수 있으신가요?
申し訳ありませんが、すでに発送されているかご確認いただけないでしょうか?

언제쯤 받을 수 있는지 알려 주시면 감사하겠습니다.
いつごろ、受け取ることができるかお知らせいただけましたらありがたいです。

❹ 「もしすでに送ってくださったのであれば、発送済であるとご連絡いただけましたらありがたいです」
혹시 이미 보내셨다면 보냈다고 연락 주시면 감사하겠습니다.

바쁘실 텐데 무리한 부탁을 드려 죄송합니다.
ご多忙のところに、無理なお願いをしてしまい申し訳ありません。

죄송합니다만, 가능한 한 빨리 답장 주시면 감사하겠습니다.
申し訳ありませんが、できるだけ早くご返信いただけると助かります。

---

point ▶▶▶ ポイント

必要書類の期日が決まっている場合には、期日を明記するようにしましょう。
　3월 1일까지 필요합니다.
　　(3月1日までに必要です)

78 「日本人職員募集の広告を見て、ご連絡差し上げました」
人材募集への応募

採用情報を見て、応募のメールを送ります。

제목: 일본인 직원 채용에 관하여

안녕하세요. **국제교류센터 일본인 직원 모집 공고를 보고 연락드립니다.**❶

저는 현재 서울대학교 사회학과 대학원생인 일본인 가미카와 다이스케라고 합니다. **한국에 온 지는 3년 정도 되었습니다.**❷ 아르바이트로 한국인에게 일본어를 가르치거나 명동에 있는 카페에서 일해 본 적이 있습니다. 요새는 한국에 온 지 얼마 안 되는 일본인들에게 한국어를 가르치는 일도 하고 있습니다.

저는 한국어와 한국 문화에 매우 관심이 많습니다.❸ 이번에 귀 단체의 채용 공고를 보고, 제가 관심 있는 분야이고 잘할 수 있는 일이라 생각이 들어 이렇게 연락드립니다.❹

이력서와 자기소개서를 첨부합니다. 보시고 연락 주시면 감사하겠습니다.

가미카와 다이스케

件名:日本人職員の採用について
こんにちは。**国際交流センターの日本人職員募集の広告を見て、ご連絡差し上げました。**❶
私は、現在ソウル大学の社会学科の大学院生の日本人、上川大輔と申します。**韓国に来て3年ほどになりました。**❷ アルバイトで韓国人に日本語を教えたり、明洞にあるカフェで働いてみたことがあります。最近は、韓国に来たばかりの日本人に韓国語を教える仕事もしています。
私は韓国語と韓国文化にとても興味があります。❸ この度の貴団体の採用広告を見て、私が関心のある分野であり、自分の力を活かせる仕事であると思いまして、このように連絡差し上げました。❹
履歴書と自己紹介書を添付します。ご覧になり、ご連絡いただけましたら幸いです。
上川大輔

variations　»　バリエーション

❶「国際交流センターの日本人職員募集の広告を見て、ご連絡差し上げました」
국제교류센터 일본인 직원 모집 공고를 보고 연락드립니다.

일본어 교사 모집 공고를 보고 연락드립니다.
日本語教師の公募を見て、ご連絡差し上げました。

아르바이트를 모집한다고 해서 연락드립니다.
アルバイトを募集しているとのことで、ご連絡差し上げました。

❷「韓国に来て3年ほどになりました」
한국에 온 지는 3년 정도 되었습니다.

현재는 대학원에 재학 중입니다.
現在は大学院に在籍しています。

올 봄에 대학교를 졸업했습니다.
この春に大学を卒業しました。

❸「私は韓国語と韓国文化にとても興味があります」
저는 한국어와 한국 문화에 매우 관심이 많습니다.

한국어로 일을 한 경험은 별로 없지만, 누구보다도 의욕적이라고 자신합니다.
韓国語で仕事をした経験はあまりありませんが、誰よりもやる気があると自負しています。

끈기 있게 일을 처리해 나가는 것이 저의 장점입니다.
根気よく物事をやり遂げることが、私の長所です。

❹「この度の貴団体の採用広告を見て、私が関心のある分野であり、自分の力を活かせる仕事であると思いまして、このように連絡差し上げました」
이번에 귀 단체의 채용 공고를 보고, 제가 관심 있는 분야이고 잘할 수 있는 일이라 생각이 들어 이렇게 연락드립니다.

의욕만큼은 누구에도 지지 않을 것입니다.
やる気だけは、誰にも負けません。

맡은 바 일을 끝까지 처리하는 저의 장점은 귀사에서 업무를 하는 데 큰 도움이 될 것이라 생각합니다.
任された仕事を最後までやり遂げる私の長所は、御社の仕事に活かせると考えています。

point ▶▶▶ ポイント

アルバイトに限らず、韓国で履歴書を提出する場合には、自己紹介書を一緒に提出することが多いようです。どちらも用紙はダウンロードできることもありますし、文房具屋さんで購入もできます。指定のフォーマットに直接入力する場合もあります。

79 「どうしたらいいのか分かりません」
忘れ物の問い合わせ

宿泊したホテルに忘れ物について問い合わせます。

○ 제목 : 분실물 확인 부탁합니다.

안녕하세요. 저는 지난 10월 4일부터 6일까지 숙박한 일본의 요시다 시호라고 합니다. 분실물이 생겨서 확인을 부탁하고자 연락드립니다.

제가 아무래도 디지털카메라를 호텔 방에 두고 온 것 같습니다.❶ 혹시 제 카메라가 분실물로 접수되지 않았는지 확인해 주실 수 있나요?❷ 한국에서의 즐거운 추억이 담긴 카메라를 잃어버려서 지금 너무 당혹스럽고 어찌할 바를 모르겠습니다.❸ 제발 꼭 찾게 되기를 간절히 바라고 있습니다.❹

혹시 찾게 되면 국제우편으로 보내 주십시오. 물론 요금은 제가 부담하겠습니다.
확인해 보시고 연락 주시면 감사하겠습니다.

요시다 시호

件名：忘れ物の確認をお願いします。

こんにちは。私は去る10月4日から6日まで宿泊した日本の吉田志保と申します。忘れ物があり、確認をお願いしたくご連絡差し上げました。

私がどうやらデジタルカメラをホテルの部屋に忘れてきたようなのです。❶ もしかしたら私のカメラが忘れ物として届けられていないか、確認していただけますでしょうか？❷ 韓国での楽しい思い出が詰まったカメラをなくしてしまい、今とても困っており、どうしたらいいのか分かりません。❸ どうか見つかってくれるよう切に願っております。❹

もし見つかりましたら、国際郵便でお送りください。もちろん料金は私が負担いたします。
ご確認いただき、ご連絡いただけましたら幸いです。
吉田志保

variations ≫ バリエーション

❶「私がどうやらデジタルカメラをホテルの部屋に忘れてきたようなのです」
제가 아무래도 디지털카메라를 호텔 방에 두고 온 것 같습니다.

호텔 방에 핸드폰(스마트폰)을 두고 온 것 같습니다.
ホテルの部屋に携帯電話（スマートフォン）を置いてきてしまったようなのです。

호텔 방 옷장 안에 물건 한 개를 두고 왔습니다.
ホテルの部屋のクローゼットに、荷物を一つ忘れてきてしまいました。

❷「もしかしたら私のカメラが忘れ物として届けられていないか、確認していただけますでしょうか?」
혹시 제 카메라가 분실물로 접수되지 않았는지 확인해 주실 수 있나요?

분실물로 접수되어 있는 건가요?
忘れ物として届けられているでしょうか？

아직 방에 있는지 확인해 주실 수 있나요?
まだ部屋にあるかどうか、確認していただけないでしょうか？

❸「韓国での楽しい思い出が詰まったカメラをなくしてしまい、今とても困っており、どうしたらいいのか分かりません」
한국에서의 즐거운 추억이 담긴 카메라를 잃어버려서 지금 너무 당혹스럽고 어찌할 바를 모르겠습니다.

잃어버린 물건이 있다는 건 일본에 도착해서 알게 되어 찾으러 갈 수 없었습니다.
忘れ物には日本についてから気が付いてしまい、取りに戻ることができませんでした。

중요한 것이어서 걱정입니다.
大切な物だったので、心配です。

❹「どうか見つかってくれるよう切に願っております」
제발 꼭 찾게 되기를 간절히 바라고 있습니다.

무사히 발견되면 좋겠습니다만….
無事に見つかってくれると良いのですが…。

폐를 끼쳐서 정말 죄송합니다.
ご迷惑をお掛けしてしまい、大変申し訳ありません。

point ▶▶▶ ポイント

「忘れ物」も「落し物」も분실물（紛失物）といいますが、駅などの公的機関では유실물（遺失物）ということもあります。
　　유실물 센터 (落し物センター)
　　지갑을 잃어버렸어요. (財布をなくしてしまいました)
　　찾아 주세요. (探してください)

80 「留学に必要な書類をお送りいたします」
必要書類を送る

留学の必要書類を添付ファイルで送ります。

제목: 유학에 필요한 서류를 첨부합니다.

안녕하세요. 저는 **다음 학기에 석사 과정에 입학하는❶** 구리하라 준이라고 합니다. **유학에 필요한 서류를 보내 드립니다.❷**

지금 첨부한 서류는 입학 신청서, 이력서, 여권 사본, 일본 대학 졸업 증명서, 성적 증명서 (영문)입니다. 내용을 확인해 보시고 **더 필요한 게 있으면 알려 주시기 바랍니다.❸** 그리고 혹시 **원본을 우편으로 발송해야 하면 발송 주소와 담당자를 알려 주시기 바랍니다.❹**
감사합니다.

구리하라 준

件名:留学に必要な書類を添付します。

こんにちは。私は**来学期に修士課程に入学する❶**栗原純と申します。**留学に必要な書類をお送りいたします。❷**

この度、添付いたしました書類は、入学申請書、履歴書、パスポートのコピー、日本の大学の卒業証明書、成績証明書(英文)です。内容をご確認いただきまして、**さらに必要な物がございましたらお知らせください。❸** そしてもし原本を郵送にてお送りしなければならないのであれば、送り先の住所と担当者をお教えくださいますようお願い申し上げます。❹ 何卒よろしくお願い申し上げます。
栗原純

variations » バリエーション

❶「来学期に修士課程に入学する者です」
다음 학기에 석사 과정에 입학하는 사람입니다.

3월부터 유학생으로 입학하게 된 사람입니다.
3月から留学生として入学することになった者です。

내년에 교환학생으로 그쪽 대학에 다니게 될 학생입니다.
来年、交換留学としてそちらの大学に通うことになる学生です。

❷「留学に必要な書類をお送りいたします」
유학에 필요한 서류를 보내 드립니다.

보완 서류를 보내 드립니다.
不足していた書類をお送りいたします。

첨부 파일로 보냅니다.
添付ファイルにて送ります。

❸「さらに必要な物がございましたらお知らせください」
더 필요한 게 있으면 알려 주시기 바랍니다.

부족한 부분이 있으면 연락해 주십시오.
不足している部分がございましたら、ご連絡くださいませ。

내용이 잘못된 게 있으면 알려 주시길 바랍니다.
内容に誤りがございましたらご指摘いただければと思います。

❹「原本を郵送にてお送りしなければならないのであれば、送り先の住所と担当者をお教えくださいますようお願い申し上げます」
원본을 우편으로 발송해야 하면 발송 주소와 담당자를 알려 주시기 바랍니다.

서류 원본이 필요한 경우에는 바로 보낼 테니 알려 주시기 바랍니다.
書類の原本が必要な場合には、すぐにお送りいたしますので、お知らせください。

원본을 우편으로 보낼 필요가 있는 경우에는 마감일을 알려 주십시오.
原本を郵送にてお送りする必要がある場合には、締め切り日をお教えください。

---

point ▶▶▶ ポイント

● -아/어 주시기 바랍니다 (~してくださいますようお願い申し上げます)
　　연락해 주시기 바랍니다. (ご連絡くださいますようお願い申し上げます)
　　와 주시기 바랍니다. (お越しくださいますようお願い申し上げます)
　　협력해 주시기 바랍니다. (ご協力くださいますようお願い申し上げます)

81 「ホテルの予約をお願いします」
宿泊先について問い合わせる

旅行会社へメールを送り、宿泊先について問い合わせます。

○ 제목 : 호텔 예약을 부탁합니다.

세진 여행사 숙박 예약 담당자 님께

안녕하세요. 저는 일본 교토의 사카시타 아야라고 합니다. **다음 달에 친구와 한국 여행을 가는데 숙소를 예약하고 싶어서 연락드립니다.❶** 아래의 내용으로 예약 가능한 숙소가 있는지 알려 주시기 바랍니다.
일정 : 7월 10일~13일(3박 4일)
인원 : **여성(대인) 2명❷**
희망 장소 : **서울 명동이나 동대문 시장 부근 비즈니스 호텔로 가격이 비싸지 않은 곳.❸**
방 타입 : **트윈, 금연룸, 조식 포함.❹**
이상의 조건으로 적당한 호텔이 있는지 확인 부탁합니다. 괜찮은 호텔이 있으면 지금 보내는 저의 메일 주소로 다시 회신해 주세요.
그럼 잘 부탁드립니다.

사카시타 아야

件名：ホテルの予約をお願いします。

セジン旅行社　宿泊予約　ご担当者様
こんにちは。私は日本の京都の坂下彩と申します。**来月、友人と韓国旅行に行くのですが、宿泊先の予約をしたくて連絡差し上げました。❶** 以下の内容で予約可能な宿泊場所があるかどうかをお知らせください。
日程：7月10日～13日（3泊4日）
人数：**女性（大人）2名❷**
希望の場所：ソウルの明洞や東大門市場付近のビジネスホテルで、**値段が高くない所。❸**
部屋のタイプ：**ツイン。禁煙ルーム。朝食付き。❹**
以上の条件に合うホテルがあるかどうか確認をお願いします。良さそうなホテルがありましたら、今お送りしている私のメールアドレスにまたご返信ください。
それでは、よろしくお願い申し上げます。
坂下彩

variations » バリエーション

❶「来月、友人と韓国旅行に行くのですが、宿泊先の予約をしたくて連絡差し上げました」
다음 달에 친구와 한국 여행을 가는데 숙소를 예약하고 싶어서 연락드립니다.

8월에 가족들과 한국에 여행 갈 계획을 세우고 있습니다.
8月に家族と韓国に旅行に行く計画を立てています。

일본의 5월 연휴 기간 동안 예약 가능한 숙소가 아직 있는지 알고 싶어서 연락드립니다.
日本の5月の連休の期間に予約が可能な宿泊先がまだあるのか知りたく連絡差し上げました。

❷「女性（大人）2名」
여성(대인) 2명

어른 2명(남녀), 아이 1명
大人2人（男女）、子供1人

대인 3명(여자 2명, 남자 1명), 아이 2명
大人3人（女性2人、男性1人）、子供2人

❸「ソウルの明洞や東大門市場付近のビジネスホテルで、値段が高くない所」
서울 명동이나 동대문 시장 부근 비즈니스 호텔로 가격이 비싸지 않은 곳.

서울 중심가에 가깝고 치안이 좋은 지역으로, 근처에 공항버스 정거장이 있는 곳.
ソウルの中心街に近く、治安の良い地域で、空港からのリムジンバスが停まる所。

서울 강남 지역에 있고, 음식점이 많으며 교통편이 좋은 곳.
ソウルの江南地域にあり、飲食店が多く交通の便がいい所。

❹「ツイン、禁煙ルーム、朝食付き」
트윈, 금연룸, 조식 포함.

더블, 흡연룸, 조식 불포함.
ダブル、喫煙ルーム、朝食なし。

싱글. 조식은 있든 없든 상관 없음.
シングル。朝食はあってもなくても問題ない。

point ▶▶▶ ポイント

韓国の仁川空港とソウル市内の間を移動する場合には、リムジンバスあるいは空港鉄道A'REX(エーレックス)、タクシーのいずれかを利用することになります。リムジンバスを使う場合には、ホテルを予約する際に近くにリムジンバスの停留所があるかどうかを確認しておくといいでしょう。ホテルによっては、目の前にリムジンバスが停まる所もあり、移動に便利です。反対に、リムジンバスの停留所から距離がある場合には、スーツケースを引いて移動できるのかどうかなども考えておくといいでしょう。

82 「キャンセルをお願いしたいのです」 キャンセルする

旅行会社を通して予約したホテルのキャンセルを依頼します。

제목: 예약 취소의 건

숙박 예약 담당 정수미 님께

안녕하세요. 지난번에 세진 여행사를 통해 호텔을 예약한 일본의 사카시타 아야라고 합니다. 7월 10일~13일 일정으로 서울의 명동 호텔을 예약했습니다.
그런데 **이번에 갑자기 일이 생겨서 여행을 못 가게 되었습니다.**❶ 죄송하지만, 예약한 호텔을 취소해 주시기 바랍니다. **바쁘신데 호텔 알아봐 주신다고 이것저것 신경을 많이 써 주셨는데 정말 죄송합니다.**❷
취소 수수료가 생기면 부담하겠습니다.❸ 얼마인지와 지불 방법에 대해 알려 주시기 바랍니다. 이번엔 죄송하게 되었습니다만, **여행 일정이 다시 잡히면 세진 여행사를 통해 다시 예약하고 싶습니다.**❹ 그때도 부디 잘 부탁드립니다.

사카시타 아야

件名：予約のキャンセルの件

宿泊予約担当　チョン・スミ様へ
こんにちは。先日、セジン旅行社を通してホテルを予約した、日本の坂下彩と申します。7月10日~13日の日程で、ソウルの明洞ホテルを予約しました。
ですが、**この度、急用ができてしまい、旅行に行くことができなくなってしまいました。**❶ 申し訳ありませんが、予約したホテルをキャンセルしてください。**お忙しい中、ホテルを探してくださるためにあれこれとお気遣いいただいたのに、本当に申し訳ありません。**❷
キャンセル料が発生する場合にはお支払いたします。❸　いくらなのかと支払方法についてお知らせいただけますようお願い申し上げます。この度は申し訳ないことになってしまいましたが、**旅行の日程がまた決まりましたら、セジン旅行社を通してまた予約をしたいと思っております。**❹
その際にも、何卒よろしくお願い申し上げます。
坂下彩

variations ≫ バリエーション

❶「この度、急用ができてしまい、旅行に行くことができなくなってしまいました」
이번에 갑자기 일이 생겨서 여행을 못 가게 되었습니다.

업무적으로 일이 생겨서 여행을 갈 수 없게 되었습니다.
仕事の都合で、旅行に行くことができなくなってしまいました。

함께 여행하기로 한 친구의 건강이 나빠져서 여행이 취소되었습니다.
一緒に旅行に行くはずだった友人の体調が悪くなってしまい、旅行が中止になってしまいました。

❷「お忙しい中、ホテルを探してくださるためにあれこれとお気遣いいただいたのに、本当に申し訳ありません」
바쁘신데 호텔 알아봐 주신다고 이것저것 신경을 많이 써 주셨는데 정말 죄송합니다.

요청한 조건에 딱 맞는 호텔을 찾아 주셨는데 죄송하게 되었습니다.
希望した条件にぴったりのホテルを見つけてくださったのに、申し訳ないことになってしまいました。

호텔은 같은 거로 하고, 일정을 다른 거로 변경할 수 있을까요?
同じホテルで、ほかの日程に変更することはできるでしょうか?

❸「キャンセル料が発生する場合にはお支払いいたします」
취소 수수료가 생기면 부담하겠습니다.

취소 수수료는 발생합니까?
キャンセル料は発生しますか?

지금 취소하면 취소 수수료를 내지 않아도 되나요?
今キャンセルすれば、キャンセル料はかからないでしょうか?

❹「旅行の日程がまた決まりましたら、セジン旅行社を通してまた予約をしたいと思っております」
여행 일정이 다시 잡히면 세진 여행사를 통해 다시 예약하고 싶습니다.

기회가 된다면 다음에도 예약을 부탁드리겠습니다.
機会があれば、次も予約をお願い申し上げます。

다음 여행 때에도 도움 받을 수 있게 되기를 바랍니다.
次の旅行の際にも、力を貸していただけたらと思います。

---

point ▶▶▶ ポイント

「キャンセル料」は、취소 수수료 あるいは 캔슬료、「キャンセルする」は 캔슬하다 あるいは 취소하다 といいます。

취소하면 수수료가 붙나요? 얼마인가요?
(キャンセルしたら、キャンセル料がかかりますか? いくらでしょうか?)

83 「予約を確認したく連絡差し上げました」
予約確認

宿泊先のホテルに予約確認のメールを送ります。

○ 제목: 호텔 예약 확인

안녕하세요. 지난달에 호텔 예약을 한 일본의 아베 레이코라고 합니다. 이제 다음 주면 기대하던 한국 여행을 떠납니다. **출발 전에 다시 한 번 예약을 확인하려고 연락드립니다.**❶

제 예약 번호는 A10-3580입니다. Reiko ABE로 예약되어 있습니다. **예약이 잘 되었는지 변동 사항은 없는지 확인해 주시기 바랍니다.**❷

아, 그리고 **김포공항에서 호텔로 가는 방법을 알려 주시면 감사하겠습니다.**❸ 답장 기다리겠습니다.❹

아베 레이코

件名:ホテルの予約の確認

こんにちは。先月ホテルを予約した、日本の阿部礼子と申します。もう来週には楽しみにしていた韓国旅行に出発します。**出発の前に、もう一度予約を確認したく連絡差し上げました。**❶

私の予約番号は、A10-3580です。Reiko ABEで予約してあります。**予約がちゃんとされているかどうか、変更事項はないかどうかご確認いただけましたら幸いです。**❷

あ、それと**金浦空港からホテルへ行く方法をお知らせいただけましたら助かります。**❸ 返信お待ちしております。❹
阿部礼子

4 オフィシャルメール

variations ≫ バリエーション

❶「出発の前に、もう一度予約を確認したく連絡差し上げました」
출발 전에 다시 한 번 예약을 확인하려고 연락드립니다.

만일에 대비해서 예약 확인을 하고 싶습니다.
念のため、予約の確認をしたいです。

예약 확인을 부탁드립니다.
予約の確認をお願いいたします。

❷「予約がちゃんとされているかどうか、変更事項はないかどうかご確認いただけましたら幸いです」
예약이 잘 되었는지 변동 사항은 없는지 확인해 주시기 바랍니다.

예약 내용에 잘못된 건 없는지 확인하고 싶습니다.
予約内容に間違いがないかどうか、確認したいのです。

예약 일시와 도착 예정 시간을 확인해 주세요.
予約の日時と、到着予定時刻を確認してください。

❸「金浦空港からホテルへ行く方法をお知らせいただけましたら助かります」
김포공항에서 호텔로 가는 방법을 알려 주시면 감사하겠습니다.

호텔 근처에 뭔가 이정표가 될 만한 건물이 있습니까?
ホテルの近くに、何か目印になるような建物はありますでしょうか?

택시로 호텔에 갈 때 호텔 이름을 말하면 운전기사가 알까요?
タクシーでホテルに行く際は、ホテルの名前を言えば運転手が分かるでしょうか?

❹「返信お待ちしております」
답장 기다리겠습니다.

잘 부탁드리겠습니다.
よろしくお願い申し上げます。

연락 기다리겠습니다.
ご連絡お待ちしております。

point ▶▶▶ ポイント

宿泊するホテルなどの宿泊施設によっては、タクシーで運転手さんにホテル名を伝えても、どこなのか分からないということもあります。ホテル名が発音しづらい場合もあるため、できればチェックインの際にホテルの名刺をもらっておき、それを乗車時に見せるとスムーズです。あるいは近くにある目印になるような建物や場所をフロントで聞いておくとよいでしょう。行きたい場所の地図や名刺、住所を書いておき、運転手さんに見せて여기로 가 주세요.(ここへ行ってください)と伝えればOKです。

84 「海外配送は可能でしょうか？」
海外への商品配送の問い合わせ

商品の日本への配送の可否と、日本からの支払い方法について問い合わせます。

제목: 해외 배송 가능한가요?

안녕하세요. 저는 현재 일본에 살고 있습니다. 홈페이지에 나와 있는 상품 중 여자 아기 한복을 구매하고 싶어서 문의드립니다. **M 사이즈 핑크색 한 벌을 사고 싶습니다.**❶

제가 지금 일본에 있는데 **해외 배송이 가능한가요?**❷ 가능하면 운송비는 어느 정도인지, 배송 기간은 얼마나 걸리는지 궁금합니다. **지불 방법도 선불인지 후불인지, 카드 결제는 되는지 알려 주세요.**❸ **가능하면 운송비를 포함해서 신용카드로 지불하고 싶습니다.**❹

그리고 영수증 발행이 가능할까요? 일본어나 영어로 된 영수증을 받고 싶습니다. 영수증은 손으로 쓴 것도 괜찮습니다.

그럼 연락 기다리겠습니다.

이케다 사유리

件名：海外配送は可能でしょうか？

こんにちは。私は現在日本に住んでいます。ホームページに出ている商品の内、女の子の赤ちゃん用の韓服を購入したくて問い合わせいたしました。Mサイズのピンク色を1着買いたいです。❶
私は現在、日本にいるのですが、海外配送は可能でしょうか？❷　可能であれば、送料はどのくらいなのか、郵送期間はどのくらいかかるのかも知りたいです。支払方法も、先払いなのか後払いなのか、カード決済は可能なのか教えてください。❸　可能であれば、送料を含めてクレジットカードで支払いたいです。❹
そして、領収書の発行は可能でしょうか？　日本語か英語の領収書をいただきたいです。領収書は手書きの物でも構いません。
それでは、ご連絡お待ちしております。
池田小百合

variations ≫ バリエーション

❶「Mサイズのピンク色を1着買いたいです」
M 사이즈 핑크색 한 벌을 사고 싶습니다.

상품번호 102번 물건 10개를 사고 싶습니다.
商品番号102の物を10個買いたいです。

홈페이지에는 수량이 10개까지로 되어 있는데, 20개를 사고 싶습니다.
ホームページでは数量が10までになっていますが、20個買いたいです。

❷「海外配送は可能でしょうか？」
해외 배송이 가능한가요?

일본으로 보내 주실 수 있습니까?
日本に送っていただくことはできますか？

일본에서도 구매할 수 있습니까?
日本からでも買うことはできますか？

❸「支払方法も、先払いなのか後払いなのか、カード決済は可能なのか教えてください」
지불 방법도 선불인지 후불인지, 카드 결제는 되는지 알려 주세요.

지불 방법은 어떤 게 있습니까?
支払い方法には、どんなものがありますか？

구매자 정보란에 주소 기입란이 있는데, 여기는 일본 주소를 영어로 기입하면 될까요?
購入者情報の欄に住所の記入欄があるのですが、ここは日本の住所を英語で記入したらいいでしょうか？

❹「可能であれば、送料を含めてクレジットカードで支払いたいです」
가능하면 운송비를 포함해서 신용카드로 지불하고 싶습니다.

한국 은행 계좌로 직접 대금을 송금하는 것 말고 방법이 있습니까?
韓国の銀行口座へ直接、料金を振り込む以外に方法はありますか？

일본에서 한국으로 송금하는 방법은 있을까요?
日本から韓国に送金する方法はあるでしょうか？

point ▶▶▶ ポイント

韓国から日本へ荷物を送りたい場合には、郵便局から宅配で送ることができます。国際小包では1週間～2週間で日本に届きます。急いでいる場合にはEMSを利用すれば、2～4日（場合によっては1週間）で届きます。荷物を送るための箱は、郵便局内でも販売されており、梱包に必要なガムテープなどは借りることができます。日本に届いた時には箱がぼろぼろになっているということもあるため、梱包は意識的にしっかりと行うといいでしょう。

85 「サイズが間違って届きました」 交換か返品のお願い

注文と違う物が届いたことについて問い合わせます。

○ 제목: 사이즈가 잘못 왔어요.

안녕하세요. 지난주에 여자 아기 한복을 구매한 일본의 이케다 사유리라고 합니다.

오늘 **EMS로 한복이 잘 도착했습니다.** ❶ 그런데 **저는 분명 M사이즈를 주문했는데 도착한 것은 S사이즈입니다.** ❷ 아이한테 입혀 보니 역시 작아서 못 입히겠습니다. **상품을 교환하거나 환불해야 할 것 같은데 어떻게 하면 될까요?** ❸
게다가 **해외 배송인데 배송 방법이나 운송비는 어떻게 되는 건지 알려 주시기 바랍니다.** ❹ 옷은 마음에 들어서 가능하면 교환으로 하고 싶습니다.

사이즈가 적혀 있는 사진을 첨부하니 참고해 주십시오.

이케다 사유리

件名：サイズが間違って届きました。

こんにちは。先週、女の子の赤ちゃん用の韓服を購入した日本の池田小百合と申します。

本日、EMSで韓服が無事に届きました。❶　ですが、私は確かにMサイズを注文したのですが、届いたのはSサイズです。❷　子供に着せてみたのですが、やはり小さくて着せることができません。商品を交換するか返品しなければならないと思うのですが、どうしたらいいでしょうか？❸
それに、海外配送なので、配送方法や送料はどうなるのかお知らせくださいますようお願い申し上げます。❹　服は気に入ったので、できれば交換にしたいです。

サイズが書いてある写真を添付しますので、ご参照ください。
池田小百合

variations ≫ バリエーション

❶「EMSで韓服が無事に届きました」
EMS로 한복이 잘 도착했습니다.

보내 주신 상품은 잘 받았습니다.
送ってくださった商品を無事に受け取りました。

특별히 일본까지 보내 주셔서 감사합니다.
特別に日本まで送ってくださって、ありがとうございます。

❷「私は確かにMサイズを注文したのですが、届いたのはSサイズです」
저는 분명 M사이즈를 주문했는데 도착한 것은 S사이즈입니다.

주문한 것과 다른 상품이 왔습니다.
注文した物と違う商品が届きました。

박스를 열어 보니 상품이 이미 파손되어 있었습니다.
箱を開けてみたら、商品がすでに壊れていました。

❸「商品を交換するか返品しなければならないと思うのですが、どうしたらいいでしょうか?」
상품을 교환하거나 환불해야 할 것 같은데 어떻게 하면 될까요?

이러한 경우에는 어떻게 하면 될까요?
このような場合には、どうしたらいいのでしょうか?

상품 교환을 희망합니다.
商品の交換を希望します。

❹「海外配送なので、配送方法や送料はどうなるのかお知らせくださいますようお願い申し上げます」
해외 배송인데 배송 방법이나 운송비는 어떻게 되는 건지 알려 주시기 바랍니다.

일본에서 반송하는 경우에는 어떻게 하면 될까요?
日本から返送する場合には、どうしたらいいでしょうか?

지금 제 수중에 있는 상품은 어떻게 하면 될까요?
今、私の手元にある商品は、どうしたらいいでしょうか?

point ▶▶▶ ポイント

このメールのようなトラブルの場合には、注文日時や注文番号、正確な商品名を明記し、早めに連絡するようにしてください。このようなケースもありうるので、注文した物が届いた際には内容を確認し、伝票を念のために一定期間保管しておくと安心です。連絡をする際には、次のような要望も明記するとよいでしょう。

반품하고 싶습니다. (返品したいです)   환불 받고 싶습니다. (払い戻してもらいたいです)

86 「商品を交換したいです」
交換あるいは払い戻しの依頼

購入した商品の交換あるいは払い戻しを希望するメールを送ります。

제목: 구매상품의 교환 또는 환불에 관한 문의

안녕하세요. 얼마 전에 인터넷 쇼핑몰에서 가방을 구입했습니다. 주문번호는 MD450-1348입니다.

가방의 디자인과 모양은 인터넷과 거의 비슷한데 색상이 제가 생각한 것과는 너무 다릅니다. 진한 회색인 줄 알고 구입했는데 너무 밝은 회색입니다. 화면상의 색상이 실제보다 어둡게 나온 것 같습니다. 그리고 가죽도 딱딱하고 많이 무거운 느낌입니다. **상품을 교환하고 싶습니다.**❶

혹시 가지고 있는 물건 중에서 진한 회색이나 검정 계열의 어두운 색에, 많이 무겁지 않은 가죽 가방이 있을까요?❷ 적당한 물건이 없으면 반품 처리 부탁합니다.❸ 교환이나 환불의 경우 제가 부담해야 할 비용이 있는지도 알려 주세요.❹

마쓰다 게이고

件名:購入した商品の交換あるいは払い戻しについての問い合わせ

こんにちは。少し前にオンラインストアでカバンを購入しました。注文番号はMD450-1348です。カバンのデザインと形はインターネットとほぼ同じなのですが、色合いが私が思っていたものとはかなり違っていました。濃いグレーだと思って購入したのですが、とても明るいグレーなのです。画面の色合いが、実際よりも暗く見えているようです。そして、革も固くてとても重い印象です。**商品を交換したいです。**❶
もしかしたらお持ちの物の中に、濃いグレーや黒系統の暗い色で、あまり重くない革のカバンはありませんでしょうか?❷ ちょうどいい商品がなければ、返品手続きをお願いします。❸ 交換や払い戻しの場合、私が負担しなければならない費用があるのかもお知らせください。❹
増田圭吾

variations » バリエーション

❶「商品を交換したいです」
상품을 교환하고 싶습니다.

상품을 반품하고 싶습니다.
商品を返品したいです。

이러한 경우에는 교환이 가능합니까?
このような場合には、交換は可能ですか？

❷「もしかしたらお持ちの物の中に、濃いグレーや黒系統の暗い色で、あまり重たくない革のカバンはありませんでしょうか？」
혹시 가지고 있는 물건 중에서 진한 회색이나 검정 계열의 어두운 색에, 많이 무겁지 않은 가죽 가방이 있을까요?

비슷한 모양의 가방 중에서 더 밝은 회색은 없습니까?
同じような形のカバンの中で、もっと明るいグレーはありますか？

이런 타입의 가방 중에서 좀 더 가벼운 게 있으면 그걸로 구입하고 싶습니다.
このタイプのカバンの中で、もっと軽い物があればそちらを購入したいです。

❸「ちょうどいい商品がなければ、返品手続きをお願いします」
적당한 물건이 없으면 반품 처리 부탁합니다.

다른 좋은 상품이 있으면 교환하고 싶습니다.
ほかに良い商品があれば、交換したいです。

반품하는 방법을 알려 주세요.
返品の方法を教えてください。

❹「交換や払い戻しの場合、私が負担しなければならない費用があるのかもお知らせください」
교환이나 환불의 경우 제가 부담해야 할 비용이 있는지도 알려 주세요.

환불 방법을 알려 주세요.
払い戻しの方法を教えてください。

이번과 같은 경우에 제가 부담해야 할 수수료가 있습니까?
今回のような場合には、私が負担しなければならない手数料はありますか？

point ▶▶▶ ポイント

返品や払い戻しについてのほかの表現を紹介します。
　　신속한 반품 처리 부탁합니다. (迅速な返品手続きをお願いします)
　　반품하고자 합니다. (返品したいと思います)
　　어떻게 보내면 될까요? (どのように送ったらいいでしょうか？)
　　환불해 주세요. (払い戻してください)

87 「相談したいことがあります」 クラス変更の相談

語学学校の先生にクラス変更の相談メールを送ります。

○ 제목: 상담하고 싶은 게 있어요.

주혜정 선생님께

선생님 안녕하세요. 한국어 4급 반 학생 오카다 마유코입니다. **오늘은 선생님께 상의드리고 싶은 게 있어서 연락드립니다.**❶
요새 수업 내용이 너무 어려워서 따라가기가 매우 힘듭니다.❷ 같은 반 학생들 수준도 저보다 높은 것 같습니다. 아무래도 제가 제 실력보다 레벨테스트 점수가 높게 나와서 상위 클래스에 들어가게 된 것 같습니다.
저는 유학생활을 하면서 기본부터 차근차근 공부하고 싶습니다. **그래서 제 생각에는 3급 반으로 옮겼으면 하는데 선생님 생각은 어떠신가요?**❸ **선생님은 제가 4급 반에 있는 게 적합하다고 생각하십니까?**❹ 3급 반은 어느 정도 수준인가요? 선생님 의견을 듣고 다시 한 번 고민해 볼까 합니다.
그럼 답장 부탁드립니다.

오카다 마유코

件名：相談したいことがあります。

チュ・ヘジョン先生へ
先生、こんにちは。韓国語4級クラスの学生の岡田真由子です。**今日は先生にご相談したいことがあって連絡いたしました。**❶
最近、授業の内容が難しすぎてついていくのがとても大変です。❷ 同じクラスの学生のレベルも、私よりも高いようです。どうやら私が自分の実力よりもレベルテストの点数が高く出てしまって、上のクラスに入ることになったように思います。
私は留学生活を送りながら、基本からきちんと勉強したいと思っています。**なので、私としては3級クラスに移れればと思うのですが、先生のお考えはいかがでしょうか？**❸ **先生は私が4級クラスにいるのが適切だとお考えですか？**❹ 3級クラスはどのくらいのレベルなのでしょうか？ 先生の意見を聞いて、もう一度よく考えてみようかと思います。
それでは、ご返信よろしくお願い申し上げます。
岡田真由子

variations ▶▶ バリエーション

❶「今日は先生にご相談したいことがあって連絡いたしました」
오늘은 선생님께 상의드리고 싶은 게 있어서 연락드립니다.

사실은 요새 고민이 있어서 메일을 보냅니다.
実は最近、悩んでいることがあってメールを送りました。

곤란한 일이 있어서 메일 씁니다.
困っていることがあってメールを書きました。

❷「最近、授業の内容が難しすぎてついていくのがとても大変です」
요새 수업 내용이 너무 어려워서 따라가기가 매우 힘듭니다.

요새 몸이 안 좋아서 수업에 나가는 것이 매우 힘듭니다.
最近、体調が悪くて授業に出るのがとてもつらいです。

요즘은 계속 실력이 늘지 않아서 슬럼프에 빠져 있습니다.
ここのところずっと、実力が伸び悩んでいてスランプに陥っています。

❸「なので、私としては3級クラスに移れればと思うのですが、先生のお考えはいかがでしょうか?」
그래서 제 생각에는 3급 반으로 옮겼으면 하는데 선생님 생각은 어떠신가요?

그래서 한 단계 낮은 반으로 옮기는 게 좋지 않을까라고 생각하고 있습니다.
なので、一つ下のクラスに移った方がいいのではないかと思っています。

제 실력으로 현재 반에 있어도 되는 건지 무척 고민입니다.
私の実力で今のクラスにいていいのか、とても悩んでいます。

❹「先生は私が4級クラスにいるのが適切だとお考えですか?」
선생님은 제가 4급 반에 있는 게 적합하다고 생각하십니까?

선생님은 어떻게 하는 게 좋다고 생각하세요?
先生は、どうしたらいいと思われますか?

선생님이 보시더라도 제 실력이 우리 반에 맞지 않는 것 같나요?
先生から見ても、私のレベルはうちのクラスに合っていないと思われますか?

point ▶▶▶ ポイント

韓国では、クラスや検定試験などの級は、数が大きい方がレベルが高いことを示します。そのため語学学校などでは1級(あるいは1級クラス、1クラス)が一番下の初級、6級(あるいは6級クラス、6クラス)が最も上級クラスとなります。このメールの本文では、4級クラスにいるけれども3級クラスに移るか迷っているというのは、3、4級の中級クラスの内、上のクラスから下のクラスへレベルを下げることを意味しています。数が少ない方が上の級になる日本とは逆なのだという点は、覚えておきましょう。

88 「いろいろとありがとうございました」
お世話になった相手へ感謝のメール

帰国後、お世話になった先生にお礼のメールを送ります。

○ 제목: 그 동안 감사했습니다.

주혜정 선생님께

선생님 안녕하세요. 오카다 마유코입니다.
저는 지난주에 일본으로 돌아왔습니다. **직접 뵙고 인사를 드렸어야 했는데 급하게 오느라 인사를 못 했습니다.**❶ 죄송합니다.
1년 동안 한국 유학생활을 하면서 선생님으로부터 정말 많은 것을 배웠습니다. 한국어뿐만 아니라 한국 문화, 예절 등에 관해서 많이 가르쳐 주셔서 큰 도움이 되었습니다. 그리고 선생님 덕분에 제가 한국어능력시험 6급에도 합격할 수 있었습니다. **정말 여러모로 감사했습니다.**❷
저는 당분간 좀 쉬면서 구직활동을 할 것입니다. **가능하면 한국과 관련된 일을 하고 싶습니다.**❸ 조만간 선생님께 좋은 소식을 알려 드리고 싶어요.❹
선생님, 언제 일본에 오시면 꼭 연락 주세요~. 안녕히 계세요.

오카다 마유코 드림

件名：その間、ありがとうございました。

チュ・ヘジョン先生へ
先生、こんにちは。岡田真由子です。
私は先週、日本に帰ってきました。**直接お会いしてごあいさつしなければならなかったのに、急いで帰ってきたためにごあいさつできませんでした。**❶ 申し訳ありません。
1年間、韓国の留学生活をしながら先生から本当にたくさんのことを学びました。韓国語のみならず、韓国文化、マナーなどについてたくさん教えてくださり、とても助けになりました。そして、先生のおかげで、私は韓国語能力試験の6級にも合格することができました。**本当にいろいろとありがとうございました。**❷
私はしばらくの間、少し休みながら就職活動をするつもりです。**できれば韓国に関連のある仕事に就きたいです。**❸ 近いうちに先生に良いニュースをお知らせしたいです。❹
先生、いつか日本にいらっしゃったら、絶対に連絡くださいね～。 お元気で。
岡田真由子より

variations » バリエーション

❶ 「直接お会いしてごあいさつしなければならなかったのに、急いで帰ってきたためにごあいさつできませんでした」
직접 뵙고 인사를 드렸어야 했는데 급하게 오느라 인사를 못 했습니다.

선생님께 직접 인사드리지 못했던 게 마음에 걸렸습니다.
先生に直接ごあいさつできなかったことが心残りでした。

선생님께 인사드리고 싶어서 학교에 갔었는데 안 계셔서 뵐 수 없었습니다.
先生にあいさつがしたくて学校に行ったのですが、いらっしゃらなかったのでお会いできませんでした。

❷ 「本当にいろいろとありがとうございました」
정말 여러모로 감사했습니다.

정말 신세 많이 졌습니다.
本当にお世話になりました。

뭐라고 감사 말씀을 드려야 할지 모르겠습니다.
何とお礼を言ったらいいのか分かりません。

❸ 「できれば韓国に関連のある仕事に就きたいです」
가능하면 한국과 관련된 일을 하고 싶습니다.

가능하면 한국어를 사용하는 일을 하고 싶습니다.
できれば韓国語を使う仕事をしたいです。

한국어를 쓸 수 있는 직장에서 일하고 싶습니다.
韓国語を使える職場で働きたいです。

❹ 「近いうちに先生に良いニュースをお知らせしたいです」
조만간 선생님께 좋은 소식을 알려 드리고 싶어요.

무언가 결정되면 바로 연락드릴게요.
何か決まったら、すぐにご連絡しますね。

어떻게 될지 모르겠지만 최선을 다할 거예요.
どうなるか分かりませんが、精一杯頑張ります。

---

point ▶▶▶ ポイント

● -았/었어야 했는데 (~しなければならなかったのに、~すべきだったのに)
　　그때 전화번호를 물어봤어야 했는데. 어떡하지?
　　　　(あの時、電話番号を聞いておくべきだったのに。どうしよう)
　　아, 졸려. 어제 일찍 잤어야 했는데. (ああ、眠い。昨日早く寝るべきだったのに)
　　너한테 미리 말했어야 했는데 미안해. (君に先に話しておかなければならなかったのに、ごめん)
　　연습을 더 열심히 했어야 했는데. 후회되네.
　　　　(練習をもっと一生懸命しなければならなかったのに。後悔)

89 「日本からでも購入することはできますか？」
海外からのチケット購入

ソウルで行われる公演のチケットの購入について問い合わせます。

○ 제목: 공연 티켓 구매에 관해서

안녕하세요. 저는 일본인 가와이 시노부입니다. 다음 달부터 서울에서 시작하는 뮤지컬 '바람의 소리' 관람을 희망합니다.

그런데 제가 외국인이라 어떻게 해야 표를 구매할 수 있을지 모르겠습니다.❶ 현재 인터넷 사이트에서 판매 중으로 알고 있는데, **일본에서도 구매할 수 있습니까?❷ 지불 방법은 어떻게 됩니까?❸ 인터넷으로 신용카드 결제가 가능합니까?❹** 그리고 인터넷으로 구매했을 경우 티켓은 우편으로 보내 주는 건지, 아니면 컴퓨터로 프린트해 가면 되는 건지도 궁금합니다.

꼭 보고 싶은 공연입니다. 원하는 날짜의 표가 매진될지도 모르니 가능한 빠른 답변 부탁드립니다.
그럼 연락 기다리겠습니다.

가와이 시노부

件名：公演のチケット購入について

こんにちは。私は日本人の川井忍と申します。来月からソウルで始まるミュージカル「風の音」の観覧を希望します。
ですが、私は外国人なので、どうすればチケットを購入することができるのか分かりません。❶ 現在、インターネットのサイトで販売中とのことですが、**日本からでも購入することはできますか？❷ 支払方法はどのようになりますでしょうか？❸ インターネットでクレジットカード決済は可能ですか？❹** それに、インターネットで購入した場合、チケットは郵送してくださるのか、あるいはパソコンでプリントアウトして持って行けばいいのかも知りたいです。
絶対に見たい公演です。希望する日のチケットが売り切れてしまうかもしれないので、できるだけ早くご返信ください。
それではご連絡お待ちしております。
川井忍

variations » バリエーション

❶「ですが、私は外国人なので、どうすればチケットを購入することができるのか分かりません」
그런데 제가 외국인이라 어떻게 해야 표를 구매할 수 있을지 모르겠습니다.

그런데 인터넷으로 티켓을 사 본 적이 없어서 어떻게 하면 좋을지 모르겠습니다.
ですが、インターネットでチケットを購入したことがなく、どうしたらいいのか分かりません。

티켓 구입 화면까지는 나왔는데 에러가 나서 그 이상은 진행이 안 됩니다.
チケットの購入画面までは出るのですが、エラーが出てしまいそれ以上進みません。

❷「日本からでも購入することはできますか？」
일본에서도 구매할 수 있습니까?

직접 구매할 수 있는 창구는 있습니까?
直接購入できる窓口はありますか？

티켓은 당일 수령하는 것도 가능합니까?
チケットは当日受け取ることも可能ですか？

❸「支払方法はどのようになりますでしょうか？」
지불 방법은 어떻게 됩니까?

티켓 대금은 어떻게 지불하면 좋을까요?
チケットの代金は、どうやって払えばいいのでしょうか？

티켓 비용을 현장에서 지불하는 것도 가능할까요?
チケット代は、現地で支払うこともできますでしょうか？

❹「インターネットでクレジットカード決済は可能ですか？」
인터넷으로 신용카드 결제가 가능합니까?

신용카드 이외의 지불 방법은 있습니까?
クレジットカード以外の支払い方法はありますか？

한국의 은행 계좌로 송금해도 될까요?
韓国の銀行口座に振り込んでもいいのでしょうか？

point ▶▶▶ ポイント

本文にある가능한 빠른 답변 부탁 드립니다.（できるだけ早くご返信ください）の가능한은、正確には가능한 한です。しかし、日常会話では慣用的に가능한の形で使われることが多くあります。가능한 한は、가능하다（可能だ）に-ㄴ/는 한（～な限り）が付いた形で、「可能な限り、できるだけ」という意味です。

　가능한 한 많이（できるだけ多く）

90 「訪問いたしたく存じます」アポイントメール

相手の会社を訪ねて行くためのアポイントを取るメールを送ります。

제목: 고려 출판사 방문 건

고려 출판사 국제협력 담당자 님께

안녕하세요. 저는 일본 후지 출판사 해외 출판 담당의 고이즈미 사토루라고 합니다.

지난번에 말씀드렸듯이 이번에 '국제 출판 교류' 건으로 **귀 출판사를 방문하고자 합니다.**❶ 이번 방문의 목적은 양 출판사의 해외 네트워크 구축, 번역서 출판, 공동 출판, 직원 교류 등에 관한 협의입니다.

저희 쪽에서는 해외 출판부의 모리타 부장, 나카다 주임, 저까지 3명입니다. 일정은 4월 13일부터 17일 사이 오후 2시경 방문을 생각하고 있습니다. **고려 출판사 쪽은 이러한 일정이 괜찮으십니까?**❷ 혹시 이때가 안 된다면 괜찮은 날짜 및 시간 등을 알려 주시기 바랍니다.❸

이번 방문에 관한 개요 등을 작성한 문서를 첨부하오니 **참고해 주시기 바랍니다.**❹

후지 출판사 해외 출판부   고이즈미 사토루

件名：高麗出版社訪問の件

高麗出版社国際協力ご担当者様

お世話になっております。私は日本の富士出版社の海外出版担当の小泉悟と申します。
先日お伝えしました通り、この度の「国際出版交流」の件で**貴出版社を訪問いたしたく存じます。**❶　今回の訪問の目的は、両出版社の海外ネットワークの構築、翻訳書の出版、共同出版、職員交流などについての打ち合わせです。
私どもの方からは、海外出版部の森田部長、中田主任、私の3名です。日程は4月13日から17日の間の午後2時ごろの訪問を考えております。**高麗出版社の方は、このような日程は大丈夫でしょうか？**❷　もしこの時が駄目であれば、大丈夫な日時等をお知らせください。❸
今回の訪問に関する概要等を作成した文書を添付いたしますので、**ご参照くださいますようお願い申し上げます。**❹

富士出版社　海外出版部　小泉悟

variations » バリエーション

❶「貴出版社を訪問いたしたく存じます」
귀 출판사를 방문하고자 합니다.

'국제 출판 교류' 건에 관하여 다음주 간담회 일정을 정하고자 연락드립니다.
「国際出版交流」の件に関しまして、来週の打ち合わせ日程を決定したくご連絡いたしました。

이전부터 현안이었던 '국제 출판 교류' 건에 관하여 최종 확인을 해 주실 수 있습니까?
かねてより懸案となっておりました「国際出版交流」の件に関して最終確認をさせていただけますでしょうか？

❷「高麗出版社の方は、このような日程は大丈夫でしょうか？」
고려 출판사 쪽은 이러한 일정이 괜찮으십니까?

또한 간담회는 1시간 정도 걸릴 예정입니다.
また、打ち合わせには１時間程度かかる予定です。

바쁘신 중에 죄송합니다만, 내일 귀사의 상황을 확인하고자 전화드리도록 하겠습니다.
ご多忙中のところ恐縮ですが、明日お電話で貴社のご都合をお伺いしたいと存じます。

❸「もしこの時が駄目であれば、大丈夫な日時等をお知らせください」
혹시 이때가 안 된다면 괜찮은 날짜 및 시간 등을 알려 주시기 바랍니다.

가능한 면담 일시를 기재하였습니다. 번거로우시겠지만 적당한 시간대를 알려 주시기 바랍니다.
可能な打ち合わせ日時を記載しました。お手数ではございますが、ご都合のいい時間帯をお教えください。

혹시 어떤 시간대라도 상황이 안 되는 경우에는 어려워 마시고 말씀해 주십시오.
もしいずれの時間帯もご都合が悪い場合は遠慮なくお知らせくださいませ。

❹「ご参照くださいますようお願い申し上げます」
참고해 주시기 바랍니다.

그럼 간담회 건을 잘 부탁드리겠습니다.
それでは、打ち合わせの件、よろしくお願い申し上げます。

바쁘신데 수고를 끼치겠습니다만, 잘 부탁드립니다.
お忙しい中、お手数をお掛けいたしますが、何卒よろしくお願い申し上げます。

---

point ▶▶▶ ポイント

日本語のビジネスメールや会話で頻繁に使われる「お世話になっております」というフレーズは、韓国語ではありません。日本語で「お世話になっております」と言いたいときは、안녕하세요. とするといいでしょう。

91 「何かありましたらご連絡ください」アポイントメールへの返信

✉ 90 へ返信します。

제목: 환영합니다.

고이즈미 사토루 님께

안녕하세요. 고려 출판사 국제협력부의 김태우입니다. **메일 잘 받았습니다.**❶ 우리 고려 출판사는 일본의 후지 출판사의 방문을 환영합니다. 알려 주신 일정 중에서 **4월 15일만 제외하고 저희는 아무 때나 괜찮습니다.**❷ 후지 출판사에서 결정하여서 알려 주시기 바랍니다.❸

장소는 우리 출판사 회의실 (3층)로 하겠습니다. 출판사까지 오는 방법, 약도 등을 첨부합니다. 그리고 제 개인 핸드폰 번호를 알려 드리니 **무슨 일이 있으면 연락 주시기 바랍니다.**❹ 저는 일본어도 조금 가능합니다.

이번 만남을 통해 양쪽 출판사의 우호친선을 증진시키고 향후 다양한 교류를 통해 동반 성장하는 기회가 되기를 희망합니다. 그럼 만나 뵙게 될 날을 기대하고 있겠습니다.

김태우

件名：歓迎いたします。

小泉悟様

お世話なっております。高麗出版社の国際協力部のキム・テウです。**メールをありがとうございました。**❶　私たち高麗出版社は、日本の富士出版社の訪問を歓迎いたします。お知らせくださった日程の内、**4月15日だけを除いて私どもはいつでも大丈夫です。**❷　富士出版社で決定いただき、お知らせくださいますようお願い申し上げます。❸

場所は、私たちの出版社の会議室（3階）にさせていただきます。出版社までのアクセス、略図などを添付いたします。それと私個人の携帯電話の番号をお知らせいたしますので、**何かありましたらご連絡ください。**❹　私は日本語も少しできます。

今回の出会いを通じて両出版社の友好親善を進め、今後の多様な交流を通して共に成長する機会になることを願っております。それでは、お目にかかれます日を楽しみにしております。

キム・テウより

variations » バリエーション

❶「メールをありがとうございました」
메일 잘 받았습니다.

연락 잘 받았습니다. 감사합니다.
ご連絡ありがとうございました。

바쁘신 중에 일정 조정을 해 주셔서 감사합니다.
お忙しい中、日程の調整をしていただき、ありがとうございました。

❷「4月15日だけを除いて私どもはいつでも大丈夫です」
4월 15일만 제외하고 저희는 아무 때나 괜찮습니다.

제시해 주신 일정에 특별히 문제가 없으므로 이 일정대로 부탁드립니다.
提示していただいた日程ですが特に問題はありませんので、この日程でよろしくお願いします。

다른 일정으로 변경할 수 있을까요?
別の日程に変更をお願いできないでしょうか?

❸「富士出版社でご決定いただき、お知らせくださいますようお願い申し上げます」
후지 출판사에서 결정하여서 알려 주시기 바랍니다.

간담회 일정에 관하여, 그 날은 공교롭게도 출장이 예정되어 있어서 방문하기 어렵게 되었습니다.
打ち合わせの日程についてですが、その日は、あいにく出張予定が入っておりお伺いすることが難しくなってしまいました。

월말이라 바쁘시겠지만, 4월 28일 혹은 29일은 어떻습니까?
月末でご多忙とは存じますが、4月28日もしくは29日はご都合いかがでしょうか?

❹「何かありましたらご連絡ください」
무슨 일이 있으면 연락 주시기 바랍니다.

또한 당일까지 뭐 필요한 게 있으면, 전화든 메일이든 편하신 대로 연락 주세요.
また、当日までに何か必要なことがあれば、電話でもメールでも構いませんのでご連絡ください。

아무쪼록 잘 검토해 주시길 부탁드립니다.
ご検討のほど、どうぞよろしくお願い申し上げます。

---

point ▶▶▶ ポイント

③후지 출판사에서 결정하여서 알려 주시기 바랍니다. (富士出版社でご決定いただき、お知らせくださいますようお願い申し上げます)의 하여서는、하다에-아/어서가 붙은 형태입니다. 会話などでは해서となる部分ですが、ビジネス文書や公的文書などオフィシャルな場合には、하여서の形で用いられることがあります。

韓国人の手書き文字

　メールやSNSなどのやりとりが増えた今であっても、手書きの手紙やカードはうれしいものです。しかし、韓国人の手書きの文字を見る機会というのは、意外にないものです。ここでは、韓国人の手書き文字を見てみましょう。

> 여보. 우리 결혼한 지 벌써 3주년이다.
> 자기랑 결혼한 것도 신기한데 벌써 3년이나
> 지났다니 실감이 안 난다. 연애할 때부터
> 많이 싸워서 결혼하면 좀 안 싸울까 했는데
> 어제도 싸우고 말이야. 결혼기념일이라고
> 어디 여행을 간다거나 뭔가 특별한 이벤트를
> 기대한 건 아닌데 자기가 야근을 해야 한다고
> 하니 그냥 막 속상하고 화가 났어.
> 아무튼 3년 동안 돈 벌어 오랴. 내 남편 역할
> 하랴, 우리 아기 아빠 역할 하랴,
> 고생 많았어. 사랑해.

あなた。私たち結婚して、もう3周年ね。あなたと結婚したのも不思議だけど、もう3年もたったなんて実感がわかないな。付き合っているときからたくさんケンカして、結婚したらケンカしないかと思ったけど、いまだにケンカしてるね。結婚記念日だからって、旅行に行ったり何か特別なイベントを期待したわけではないけど、あなたが夜勤をしなければならないって言うから、ただ悲しくて腹が立ったの。とにもかくにも、3年間、お金を稼いで来るやら、私の夫の役割を務めるやら、子供のお父さんの役割を務めるやら、ご苦労様でした。愛してる。

コラム5

　これらの手紙は、✉98で紹介する文を書いたものです。2人の人が書いた文字ですが、それぞれ活字のものとは印象が違って見えるのではないでしょうか。最初はすらすらと読めないこともあるかもしれませんが、慣れてくれば大丈夫です。

> 세상에서 제일 예쁜 우리딸 하윤아.
> 태어나고 벌써 백일이 지났구나.
> 엄마 아빠의 딸로 태어나줘서 정말 고맙다.
> 밤에 울어서 엄마 아빠 잠을 깨우기도 하지만
> 우렁차게 우는 네 목소리도 정말 사랑스럽구나.
> 앞으로도 너의 성장을 지켜볼 수 있다는 건
> 아빠의 큰 행복이란다.
> 아프지말고 건강하게 예쁘게.
> 엄마 아빠 옆에서 많이 웃으며 성장하길 바란다.
> 우리 딸 백일 축하해~.

世の中で一番美しい私たちの娘、ハユン。
生まれてもう100日が過ぎたんだね。
ママとパパの娘に生まれて来てくれて、本当にありがとう。
夜に泣いてママとパパを起こしたりもするけど、
大きな声で元気に泣く君の声も本当に愛らしいね。
これからも君の成長を見守ることができるということは
パパの大きな幸せなんだ。
無事に元気でかわいく、
ママとパパのそばでたくさん笑って成長してほしい。
僕たちの娘。百日おめでとう〜。

コラム5

次に、手書きの数字を見てみましょう。
　個人差がありますが、数字の8を○を2つ縦に並べたように書くことがあります。日本では見られない書き方なので、覚えておくといいでしょう。もちろん、日本と同様に8とくっつけて書く場合もあります。

1 2 3 4 5 6 7 8 9 10

第5章

カード

92 「メリークリスマス・あけましておめでとう」 クリスマスと新年を祝う

クリスマスカード、年賀状を送ります。

【크리스마스 카드】
クリスマスカード

> 축복이 가득한 크리스마스 보내시고
> 좋은 분들과 함께 행복한 하루 되세요.

祝福に満ちたクリスマスをお過ごしになり、
良い方たちと共に幸せな1日をお送りください。

> 가족과 함께 따뜻하게 보내는
> 행복한 크리스마스가 되기를 소원합니다.

ご家族と共に暖かく過ごす
幸せなクリスマスになることを願っています。

> 행복과 평안 가득한
> 즐거운 크리스마스 되시길 바랍니다.

幸せと穏やかさに満ちた、
楽しいクリスマスになりますように。

> 희망과 사랑 넘치는 크리스마스 보내시고
> 따뜻하고 즐거운 추억 많이 만드시길 바랍니다.

希望と愛に満ちたクリスマスを過ごされ、
温かく楽しい思い出をたくさん作られますように。

【연하장】
年賀状

> 새해에는 좋은 일만 가득하시길 바랍니다.
> 새해 복 많이 받으세요.

新年には良いことばかりでありますように。
新年明けましておめでとうございます。

> 지난 한 해 동안 보내 주신 성원에 감사드리며
> 새해에는 바라는 일이 모두 이루어지는 한 해가
> 되기를 기원합니다.

去る1年間、お送りくださった声援に感謝申し上げ、
新年には望むことのすべてがかなう1年になりますようお祈り申し上げます。

> 올 한해 베풀어 주신 마음에 항상 감사하며
> 새해에는 사랑과 행운이 함께 하시길 기원합니다.

今年1年与えてくださったお心遣いに常に感謝し、
新年には愛と幸運が共にありますようお祈り申し上げます。

> 새해에는 소망하는 일들이 모두 이루어지고
> 건강과 행운이 함께 하시길 기원합니다.

新年には望むことがすべてかない、
健康と幸運が共にありますようお祈り申し上げます。

point ▶▶▶ ポイント

日本では年賀状を葉書で送りますが、韓国では封筒に入れたニューイヤーカードを送ります。クリスマスに「メリークリスマス＆ハッピーニューイヤー」のように書き、クリスマス兼年賀カードを送ることも。日本のような年賀葉書はありません。最近ではメールやSNS、電子カードなどでクリスマスや新年のあいさつを送ることが多くなりましたが、クリスマスや年末になると文具店や書店ではさまざまなカードが販売されます。韓国らしいデザインの物もあり、手に取ってみるだけでも面白いかもしれません。

93 「結婚しました」結婚式の招待状

結婚式の招待状を送ります。

【결혼 청첩장】
結婚式の招待状

> 소망이 축복 속에서 기쁨으로 이루어진 날
> 저희 두 사람이 하나가 되는 뜻 깊은 날을 맞이하였습니다.
> 사랑의 이름으로 지켜나갈 수 있게 앞날을 축복해 주시면 감사하겠습니다.

希望が祝福の中で喜びになる日
私ども2人が一つになる意味深い日を迎えました。
愛の名前で守って行けるよう、将来を祝福して
いただけましたら幸いです。

> 저희 두 사람이 믿음과 사랑으로 한 가정을 이루게 되었습니다.
> 바쁘시더라도 부디 오셔서 저희의 앞날을 축복해 주시고 격려해 주시면 더 없는 기쁨이 되겠습니다.

私たち2人が、信頼と愛により一つの家庭を作ることになりました。
お忙しくてもぜひいらっしゃり、私たちの将来を祝福して
くださり、激励してくださいましたら、この上ない喜びになります。

> 평생을 같이 하고 싶은 사람을 만났습니다.
> 서로 아껴 주고 이해하고 베풀며 살고 싶습니다.
> 이제 사랑으로 함께 가는 길
> 축복의 박수로 격려해 주십시오.

一生を共にしたい人に出会いました。
互いに大切にし、理解し、与えながら生きていきたいです。
これから愛で共に進む道、
祝福の拍手で励ましてください。

> 25살에 친구로 만나
> 27살에 손을 잡았고
> 32살에 함께 살게 되었습니다.
> 친구처럼 연인처럼 행복하게 오래오래 잘 살도록
> 부디 오셔서 축복의 말씀 건네 주세요.

25歳に友達として出会い
27歳に手を握り、
32歳に共に暮らすこととなりました。
友達のように恋人のように、幸せにいつまでも良く暮らせるように
ぜひお越しくださり、祝福のお言葉をお掛けください。

point ▶▶▶ ポイント

韓国も日本と同様に結婚式の招待状を送りますが、出席の返信はあまり厳格ではなく、出席確認の返信用葉書は入っていません。最近ではスマートフォンで送ることのできる「モバイル招待状」（모바일 청첩장）も利用されています。服装はドレスアップはせず、よそ行きのワンピースや普段よりも少しきちんとした格好が多いようです。髪型も普段のままでOKです。ご祝儀は축의금といいます。普通、友人同士や職場の同僚であれば5万ウォン、10万ウォン程度を出します。封筒は、式場の受付に用意されている封筒を使っても構いません。韓国の結婚式は30分ほどの挙式をあげ、その後は式場の中にある食堂に移動し、食事をします。バイキング形式の場合が多く、このほかに洋食コース、韓定食などのケースもあります。席も決っておらず、食事がすんだら自由解散となります。

94 「夏休みを済州島で過ごしています」旅先からのポストカード

旅先からポストカードを送ります。

도모미 언니에게

언니, 안녕하세요? 갑자기 엽서가 와서 놀랐죠? 나 지금 제주도에 와 있어요. 언니가 한국에서 유학할 때 제주도 가고 싶어 했었는데 결국은 못 가보고 일본으로 돌아갔잖아요. 이번에 가족 여행으로 제주도에 왔는데 언니 생각이 나서 엽서 보내요.

여기 날씨는 6월인데도 장마 전이라 아주 습하고 더워요. 제주도는 역시 봄하고 가을에 오는 게 좋은 것 같아요. 이번에 여기저기 잘 알아보고 다음에 언니를 안내해 주겠어요~^^ 엽서 사진은 한라산이에요. 언니는 산을 좋아해서 한라산에 정말 가고 싶다고 했잖아요. 다음에 꼭 같이 등산해 봐요. 저는 산 타는 거 별로 안 좋아하지만 언니와 함께라면 즐거울 것 같아요.

멀리 있지만 항상 언니를 응원합니다. 우리 자주 연락하면서 지내요.

김수지 드림

知美オンニへ

オンニ、元気ですか？ 突然葉書が届いて驚いたでしょう？ 私は今、済州島に来ています。オンニが韓国に留学していた時に、済州島に行きたがっていたのに結局は行けなくて日本に帰ったじゃないですか。今回、家族旅行で済州島に来たのだけど、オンニのことを思い出したので葉書を送ります。

ここの天気は、6月なのに梅雨前なので、とてもじめじめして暑いです。済州島はやっぱり春と秋に来るのが良いみたいです。今回あちこちよく調べてみて、次にオンニを案内してあげますね〜^^ 葉書の写真は、漢拏山です。オンニは山が好きで、漢拏山に本当に行きたいって言ってましたよね。今度、きっと一緒に登山してみましょうね。私は山に登るのは別に好きではないけど、オンニと一緒なら楽しそうです。

遠くにいるけど、いつもオンニを応援しています。 私たち、ちょくちょく連絡しましょうね。
キム・スジより

5 カード

수지에게

수지야, 안녕. 엽서 받고 너무너무 반가웠어. 제주도에 갔었구나. 재미있었겠다~.

수지가 제주도에 있을 때 나도 여행을 갔었어. 홋카이도에 있는 대설산을 등반 중이었어. 엽서 사진이 대설산에서 가장 높은 봉우리인 아사히다케야. 정말 장관이지? 초여름인데도 산에는 아직 눈이 많아서 마치 겨울 왕국에 온 기분이야. 이제 조금 지나면 각종 고산식물이 꽃을 피우는데 그때는 정말 예뻐. 다음에 같이 오자. 수지에게도 이 멋진 풍경을 보여 주고 싶어. 나는 산을 좋아하지만, 수지는 산에 올라가는 거 힘들다고 별로 안 좋아했잖아. 여기는 로프웨이가 있어서 편하게 올라갈 수 있으니 너무 걱정하지는 마^^

아, 그리고 수지가 좋아하는 온천도 할 수 있어!! 홋카이도는 시원해서 좋았는데 도쿄에 돌아오니 너무 덥다. 서울도 많이 덥지? 건강 잘 챙기고 잘 지내~!!

도모미

スジへ
スジ、元気？ 葉書を受け取って、とてもうれしかった。済州島に行ってたんだね。面白かったんだろうな〜。
スジが済州島にいる時、私も旅行に行ってたんだ。北海道にある大雪山を登っているところだったよ。葉書の写真が大雪山で、一番高い峰の旭岳だよ。本当に壮観でしょう？ 初夏なのに山にはまだ雪が多くて、まるで冬の王国に来た気分。もう少したてば、いろいろな高山植物が花を咲かせるんだけど、その時は本当にきれい。今度一緒に来ようね。スジにもこの素敵な風景を見せたいな。私は山が好きだけど、スジは山に登るのが大変だってあまり好きじゃなかったじゃない。ここはロープウェーがあって気楽に上れるから、あまり心配しないで^^
あ、それにスジが好きな温泉にも入れるよ！！ 北海道は涼しくてよかったんだけど、東京に帰ってきたらすごく暑い。ソウルもかなり暑いでしょう？ 健康には気を付けて、元気でいてね〜！！
知美

---

point ▶▶▶ ポイント

切手はコンビニエンスストアではなく、郵便局あるいは取扱いのある文房具店で買うことができます。郵便局の場所を訪ねる場合には우체국이 어디예요？（郵便局はどこですか？）、400ウォンの切手を買うときは400원짜리 우표 주세요。（400ウォン切手ください）と伝えるといいでしょう。

95 「暑中お見舞い申し上げます」季節のあいさつ

暑中見舞いを送ります。

> 안녕하세요. 더운 날이 계속되고 있는데 잘 지내고 계십니까?
> 덕분에 저와 가족 모두가 건강하게 잘 있습니다.
> 폭염 중에 건강 해치지 않도록 부디 건강 잘 살펴가면서 지내시기 바랍니다.

こんにちは。暑い日が続いておりますが、お変わりなくお過ごしでしょうか？
おかげさまで家族一同、元気に過ごしております。
酷暑の折から、くれぐれもご自愛のほどお祈り申し上げます。

> 안녕하세요. 장마가 지나가자 맹렬한 폭염이 계속되고 있습니다. 건강히 잘 지내셨습니까?
> 작년보다도 더위가 한층 더 심하게 느껴집니다.
> 앞으로도 무더위가 계속될 것 같으니 아무쪼록 건강 잘 살피시길 바랍니다.

こんにちは。梅雨が明けたとたんに、猛烈な暑さとなりました。
お元気にお過ごしでしたでしょうか？
昨年にもまして暑さが厳しく感じられます。
これからも暑さが続きますので、くれぐれもご自愛ください。

5 カード

> 더위로 잠들기 어려운 날이 계속되고 있습니다만, 여러분들 모두 어떻게 지내십니까?
> 저희들도 더위에 지지 않게 잘 버티고 있습니다.
> 아직 당분간은 무더위가 계속된다고 하니, 아무쪼록 건강 잘 챙기시기 바랍니다.

寝苦しい日が続いておりますが、皆様いかがお過ごしでしょうか?
私たちも、暑さに負けぬよう頑張っております。
まだしばらくは厳しい暑さが続きますが、体調にはくれぐれもお気を付けくださいませ。

> 안녕하세요. 삼복더위가 계속되고 있습니다만 안녕히 계십니까?
> 저희들은 건강히 잘 있습니다.
> 여름 휴가 때 한 번 찾아 뵈려고 합니다.
> 그때 다시 연락드리겠습니다.
> 아직 당분간은 무더위가 지속될 것 같으니, 부디 몸 건강히 계시기 바랍니다.

こんにちは。暑さが続いておりますがお元気ですか?
私たちは元気に過ごしています。
夏休みに、一度お伺いしたいと思っております。
その時にまたご連絡させていただきます。
まだしばらくは暑さが続くと思いますが、くれぐれもご自愛ください。

point ▶▶▶ ポイント

韓国には暑中見舞いの葉書を送るという習慣はありません。しかし、手紙やメールの初めか終わりに書き添えて活用することができます。
韓国には、夏に복날(伏日)という、日本でいうところの「土用の丑の日」があり、そのころが1年で最も暑い時期と言われています。その日には、暑気払いに参鶏湯などの滋養食を食べる習慣があります。복날は7月から8月にかけて3回あり(旧暦のため、毎年日付が変わります)、それを초복(初伏)、중복(中伏)、말복(末伏)といい、この3つの時期の暑さのことを삼복더위ともいいます。

96 「おめでとうございます」各種お祝いのメッセージ

入学、卒業、入社、結婚、出産などのお祝いのメッセージを送ります。

【입학】入学

> 오빠, 대학 합격 소식 들었어요. 너무너무 축하해요.
> 오빠는 꼭 붙을 거라 생각했어요.
> 저도 남은 1년 열심히 공부해서 오빠처럼 좋은 대학에 들어가면 좋겠어요.
> 나중에 대학교 축제 할 때 저도 꼭 불러 주세요~^^

オッパ、大学合格のニュースを聞きました。本当に本当におめでとうございます。
オッパはきっと受かると思っていました。
私も残りの1年、一生懸命勉強してオッパみたいに良い大学に入れたらうれしいです。
後で、大学の学園祭の時に、私も必ず呼んでくださいね~^^

【졸업】卒業

> 졸업 진심으로 축하해.
> 요새 취업 준비 하느라고 많이 힘들 텐데 건강 잘 챙겨가면서 공부해.
> 분명 좋은 데 취업할 거라고 믿어. 앞날에 행운이 있기를 기도할게.

卒業、本当におめでとう。
最近は就職活動で大変だろうけど、健康には気を付けて勉強してね。
きっと良い所に就職できるって信じてる。前途に幸多からんことを祈ります。

【입사】入社

> 월드 전자에 입사했다는 소식 들었어. 정말 축하해.
> 요새 같이 어려운 취업 전쟁 속에서 멋지게 합격한 네가 정말 자랑스럽다.
> 앞으로 일하면서 어려운 일도 많을 텐데 초심을 잃지 말고 열심히 하길 바란다.
> 첫 월급 받으면 한턱 내~.

ワールド電子に入社したって話聞いたよ。本当におめでとう。
今みたいに大変な就職戦争の中で見事に合格した君が、本当に誇らしい。
これから働きながら大変なことも多いだろうけど、初心を忘れず頑張ってくれることを祈ってる。
初任給出たらおごってね~。

【결혼】結婚

결혼 축하해. 내 부케 받았을 때 언제 시집가나 했었는데 이렇게 빨리 좋은 소식을 들어서 너무 기쁘다. 결혼해 보니까 좋은 점도 있고 나쁜 점도 있는데, 그래도 안 하고 후회하는 것보다 하는 게 나은 것 같아.
진심으로 축하해. 그리고 앞으로 행복하게 잘 살아~.

結婚おめでとう。私のブーケを受け取った時、いつお嫁に行くのかなと思ったけど、こんなに早く良い知らせを聞いて、すごくうれしい。結婚してみたら、良い点もあるし悪い点もあるのだけど、それでもやらないで後悔するよりは、やった方が良いと思う。
心から、おめでとう。そしてこれから幸せに暮らしてね~。

【출산】出産

새 생명의 탄생을 축하드립니다.
아기의 건강과 산모의 빠른 회복을 기원합니다.
행복한 가정 만드세요.

新しい命の誕生をお祝い申し上げます。
赤ちゃんの健康と、産後のお母さんの早い回復をお祈り申し上げます。
幸せな家庭を作ってください。

---

point ▶▶▶ ポイント

この卒業祝いのメッセージは、卒業はするものの就職が決まっていない場合のものです。近年、韓国では就職難が続き、このようなメッセージが送られることが多いそうです。

97 「誕生日おめでとう！」
誕生日祝い
誕生日を祝うメッセージを送ります。

나의 소중한 친구야. 태어나 줘서 정말 고맙다. 오늘 하루 행복하게 보내라.
생일 축하해~

私の大切な友達。生まれて来てくれてありがとう。今日1日、幸せに過ごしてね。
誕生日おめでとう~

25번째 생일 축하한다, 친구야.
너 낳으려고 엄마가 많이 고생했을 텐데 엄마한테 감사 인사 꼭 드려.
우리 앞으로도 서로의 생일 잘 챙겨 주면서 우정 변치 않고 지내자.

25回目の誕生日おめでとう、友よ。
お前を産むのにおふくろさんは大変だったろうから、おふくろさんに感謝してるって必ず伝えろよ。
俺たち、これからも互いの誕生日を祝い合いながら、変わらぬ友情で過ごそうな。

언니 이제 정말 30대가 되었네요. 생일 축하드려요.
맛있는 것도 많이 먹고 축하도 많이 받고 즐거운 하루 되세요.
사랑합니다~^^

オンニ、もう本当に30代になったんですね。誕生日おめでとうございます。
美味しい物もたくさん食べて、たくさんお祝いしてもらって、楽しい1日になりますように。
愛してま~す^^

선생님 생신 축하드립니다.
항상 올바르게 지도해 주시고 가르쳐 주셔서 감사합니다.
오늘 하루 세상에서 가장 행복한 하루가 되기를 소망합니다.
늘 건강하세요.

先生、お誕生日おめでとうございます。
いつもご指導くださり、お教えくださりありがとうございます。
今日1日、世界で一番幸せな1日になることを願っております。
いつもお元気でいらしてください。

5 カード

> (아내가 남편에게)
> 생일 축하합니다!! 세상에서 가장 행복한 날~.
> 태어나 줘서 나랑 결혼해 줘서 좋을 때나 나쁠 때나 내 옆에 있어 줘서 고마워요.
> 앞으로도 우리 가족 서로 사랑하면서 알콩달콩 재미있게 살아가요.

(妻から夫へ)
誕生日おめでとう!!　世界で一番幸せな日~。
生まれて来てくれて、私と結婚してくれて、良い時も悪い時も、私のそばにいてくれてありがとう。
これからも私たち、互いに愛しながら仲良く楽しく暮らしていこうね。

> (남편이 아내에게)
> 우리가 결혼한 지도 벌써 5년이나 지났네.
> 5년 동안 당신의 생일을 함께할 수 있어서 정말 기뻐.
> 앞으로도 영원히 당신 생일 아침 미역국은 내가 만들어 줄게~
> 생일 축하해~. 그리고 사랑해.

(夫から妻へ)
僕たちが結婚してから、もう5年になるんだね。
5年間、君の誕生日を祝うことができて、本当にうれしい。
これからも永遠に、君の誕生日の朝食のわかめスープは僕が作ってあげるからね~
誕生日おめでとう~。そして愛してるよ。

point ▶▶▶ ポイント

「妻から夫へ」の手紙では、丁寧な文体である「해요（ヘヨ）体」が使われています。この「해요（ヘヨ）体」は日本語の「です・ます体」よりも使用する幅が広く、このような夫婦間の手紙や対話で使われても違和感はありません。そのため、日本語訳はくだけた表現になっています。

98 「100日だね」記念日を祝う

記念日を祝うメッセージを送ります。

(여자가 남자친구에게)
정훈아. 우리 만난 지 벌써 백일이야. 백일이란 시간이 일주일처럼 짧게 느껴진다.
그동안 널 만나서 웃고 맛있는 거 먹으러 다니고, 놀러 다니고 했던 시간이 나에겐 너무 소중해.
백일 동안 만나면서 한 번도 싸우지도 않고 찰떡궁합처럼 잘 지낸 거 보면 정말 우리는 천생연분인가 봐. 백일, 이백일 차곡차곡 예쁜 추억 만들어 가자. 사랑해.

(彼女から彼氏へ)
チョンフン。私たちが出会ってから、もう100日だね。100日っていう時間が、1週間くらいに短く感じられる。
その間、あなたに会えて、笑って、美味しい物を食べに行って、遊びに行ってた時間が、私にはとても大切。
100日間会って、一度もケンカもしないで、相性がぴったりみたいに良い時間を過ごせたことを思うと、本当に私たちは運命の相手なんでしょうね。100日、200日、少しずつ素敵な思い出を作っていこうね。 愛してる。

(아빠가 딸에게)
세상에서 제일 예쁜 우리 딸 하윤아.
태어나고 벌써 백일이 지났구나. 엄마 아빠의 딸로 태어나 줘서 정말 고맙다.
앞으로도 너의 성장을 지켜볼 수 있다는 건 아빠의 큰 행복이란다.
아프지 말고 건강하게 예쁘게, 엄마 아빠 옆에서 많이 웃으며 성장하길 바란다. 우리 딸. 백일 축하해~.

(父から娘へ)
世の中で一番かわいい私たちの娘、ハユン。
生まれてもう100日が過ぎたんだね。 ママとパパの娘に生まれて来てくれて、本当にありがとう。
これからも君の成長を見守ることができるということは、パパの大きな幸せなんだ。
無事に元気でかわいく、ママとパパのそばでたくさん笑って成長することを願ってる。僕たちの娘。百日おめでとう〜。

5 カード

(아내가 남편에게)
여보. 우리 결혼한 지 벌써 3주년이다. 자기랑 결혼한 것도 신기한데 벌써 3년이나 지났다니 실감이 안 난다. 연애할 때부터 많이 싸워서 결혼하면 좀 안 싸울까 했는데 어제도 싸우고 말이야. 결혼기념일이라고 어디 여행을 간다거나 뭔가 특별한 이벤트를 기대한 건 아닌데 자기가 야근을 해야 한다고 하니 그냥 막 속상하고 화가 났어.
아무튼 3년 동안 돈 벌어 오랴, 내 남편 역할 하랴, 우리 아기 아빠 역할 하랴 고생 많았어.
그리고 나랑 결혼해 줘서 정말 고마워. 맨날 싸워도 자기랑 결혼한 거 후회해 본 적 없어. 그만큼 내가 우리 남편 사랑하는 거 알지? 앞으로도 우리 세 가족 행복하게 잘 살자. 사랑해.

(妻から夫へ)
あなた。私たち結婚して、もう3周年ね。あなたと結婚したのも不思議だけど、もう3年もたったなんて実感がわかないな。付き合っている時からたくさんケンカしたから、結婚したら少しはケンカしないかと思ったけど、いまだにケンカしてるね。結婚記念日だからって、どこか旅行に行ったり何か特別なイベントを期待したわけではないけど、あなたが夜勤をしなければならないって言うから、ただ悲しくて腹が立ったの。
とにもかくにも、3年間、お金を稼いで来るやら、私の夫の役割を務めるやら、子供のお父さんの役割を務めるやら、ご苦労様でした。
そして、私と結婚してくれて本当にありがとう。毎日ケンカしても、あなたと結婚したことを後悔したことなんかない。それくらいに私が私の夫を愛していること、知ってるでしょ？　これからも私たち3人家族、幸せに暮らそうね。愛してる。

point ▶▶▶ ポイント

韓国では、子供の生後100日を祝う백일잔치（百日祝）があります。日本で行う「お食い初め」と同様に、子供の成長への感謝とこれからの健康を祈ってお祝いします。そして恋人同士が付き合い始めてから100日目を祝う習慣があり、それを백일（100日）といい、その日にはペアリングや花束を贈ったり、さまざまなサプライズを企画したりと、特別な時間を過ごすことが多いようです。最近では、スマートフォンのアプリに、このような記念日を忘れないように日数を数えてくれるものもあるそうです。

99 「チョコレートを受け取ってください」バレンタインのメッセージ

バレンタインにチョコレートにメッセージを添えて送ります。

오늘은 발렌타인데이야. 자기를 위해서 초콜릿을 직접 만들어 봤어.
맛없다고 놀리지 말고 부디 달콤한 내 마음만은 알아주길 바래. 사랑해요.

今日はバレンタインデーだね。あなたのためにチョコレートを手作りしてみたの。
美味しくないってからかわないで、どうか甘い私の気持ちだけは知ってほしいな。愛しています。

세상에서 하나뿐인 내 마음을 세상에서 하나뿐인 초콜릿에 담아 당신에게 전합니다.
내 마음 받아 주시겠어요?
사랑의 초콜릿은 당신을 위한 내 마음입니다.

世界で一つだけの私の気持ちを、世界で一つだけのチョコレートに込めてあなたに伝えます。私の気持ち、受けて取ってもらえませんか?
愛のチョコレートは、あなたのための私の気持ちです。

발렌타인데이 초콜릿을 준비했어요.
이 초콜릿보다 더 깊고 달콤한 내 사랑을 받아 주세요.

バレンタインデーのチョコレートを準備しました。
このチョコよりも、もっと深くて甘い私の愛を受け取ってください。

오늘은 용기 내어 제 마음을 당신께 고백하려 합니다.
사랑합니다. 제 사랑을 받아 주세요.

今日は、勇気を出して私の気持ちをあなたに告白しようと思います、
愛しています。私の愛を受け取ってください。

5 カード

오랫동안 당신을 지켜보았습니다.
발렌타인데이 초콜릿의 힘을 빌려 당신에게 제 마음을 전합니다.
제 남자친구가 되어 주지 않을래요?

ずっとあなたのことを見つめていました。
バレンタインのチョコレートの力を借りて、あなたに私の気持ちを伝えます。
私の彼氏になってくれませんか?

해피 발렌타인데이
2월 14일 이날을 기다렸어.
우리 함께 여행 가자^^
기차 타고 이 초콜릿 먹으면서….

ハッピーバレンタイン。
2月14日、この日を待っていたの。
一緒に旅行に行こうよ^^
列車に乗って、このチョコを食べながら…。

오빠. 내가 직접 만든 초콜릿이야. 누구 주지 말고 혼자만 먹어야 해~.
그리고 다음달 화이트데이에는 사탕이랑 목걸이 부탁해요~^^ 알라뷰~

オッパ。私が手作りしたチョコなの。誰かにあげたりしないで1人だけで食べてね~。
そして、来月のホワイトデーには、キャンディーとネックレスをお願いしま~す^^ ラブ♡

point ▶▶▶ ポイント

韓国でもバレンタインデーは女性から男性へチョコレートを贈る日です。手作りのチョコレートはあまり主流ではないようです。バレンタインデーの次の月の3月14日も日本と同様にホワイトデーです。さらにその次の月の4月14日は、韓国ではブラックデーといってバレンタインにもホワイトデーにも恋人がいなかったさびしい人が黒いチャジャン麺(ジャージャー麺)を食べる日といわれています。実際にその日にチャジャン麺食べるのかどうかは別としても、韓国らしいユニークな記念日だといえるでしょう。

場面別表現索引

ここでは、「バリエーション」の主要な見出しをカテゴリー別に配列しています。
「13-❶」は、本文中のメール ✉13 の「バリエーション」❶にあたります。

アドバイス
アドバイスいただけたらありがたいです。………… 44 - ❹
ダウンコートを持って行った方がいいかなあ。… 63 - ❷
オンニはいると思う？……………………………… 63 - ❸
アドバイス、待ってます。………………………… 63 - ❹

謝る
ドタキャンしてごめん。…………………………… 6 - ❷
返事が遅くなってごめんね。……………………… 31 - ❷
忙しいだろうに、面倒なことを頼んでしまって
　ごめんね。……………………………………… 41 - ❸
お力になることができなくて、すみません。…… 46 - ❷
連絡できなくて、本当に申し訳ない。…………… 57 - ❶
言い訳のしようもない。…………………………… 57 - ❸
すごく反省してる。………………………………… 57 - ❹

安否確認
無事に帰れた？……………………………………… 35 - ❶

祈る
どうか無事でありますように。…………………… 54 - ❹

依頼
今、電話で話せる？………………………………… 8 - ❶
なるべく早く連絡ちょうだい。…………………… 8 - ❹
何時ごろなら大丈夫か教えて。…………………… 10 - ❸
もし私がオフラインになっていたら、携帯にメール
　送ってくれる？………………………………… 10 - ❹
急ぎでお願いがあるの。…………………………… 16 - ❶
今メールで送るね。………………………………… 16 - ❹
出張に行って来てから改めてお祝いするって伝えて。
　…………………………………………………… 34 - ❸
実は、一つお願いしたいことがあってメールしたの。
　…………………………………………………… 41 - ❶
もしできたら、私の書いた文章をチェックしてもら
　えないかな？…………………………………… 41 - ❷
忙しいだろうに、面倒なことを頼んでしまってごめ
　んね。…………………………………………… 41 - ❸
でも、少しでも見てもらえたら、とても助かる。　41 - ❹
もしかしたら私のカメラが忘れ物として届けられて
　いないか、確認していただけますでしょうか？　79 - ❷

祝う
サプライズパーティーでもしない？…………… 21 - ❶
出産祝いを無事に受け取ったよ。ありがとう。… 36 - ❶
結婚します！……………………………………… 47 - ❶
よかったらお２人で来てくれませんか？……… 47 - ❷
ご結婚、本当におめでとうございます。……… 48 - ❶
お相手はどんな人ですか？……………………… 48 - ❷
結婚式にはもちろん出席します。……………… 48 - ❸
今からとても楽しみにしています。…………… 48 - ❹
待ちに待った知らせを聞いて、飛び上がるくらい
　うれしい。…………………………………… 50 - ❶
お祝いのプレゼントに何か必要な物ある？…… 50 - ❹

贈り物をする
出産祝いを無事に受け取ったよ。ありがとう。… 36 - ❶
お祝いのプレゼントに何か必要な物ある？…… 50 - ❹

驚き
まじで？…………………………………………… 20 - ❷
気になる人ができたって聞いて、本当にびっくりし
　た。…………………………………………… 43 - ❷

お礼
おかげで楽しかった。…………………………… 17 - ❶
あっという間だった。…………………………… 17 - ❷
よろしく伝えて。………………………………… 17 - ❸
今度は私の家に遊びに来てね。………………… 17 - ❹
これもお前のおかげだよ。……………………… 22 - ❸
メールありがとうございます。………………… 29 - ❶
招待してくれてありがとう。…………………… 33 - ❶
素晴らしい企画をありがとう。………………… 35 - ❸
出産祝いを無事に受け取ったよ。ありがとう。… 36 - ❶
無事、東京に帰ってきました。………………… 40 - ❷
どうなっていたか分かりません。……………… 40 - ❸
忘れられない思い出になりました。…………… 40 - ❹
心配してくれてありがとう。…………………… 55 - ❶
本当にいろいろとありがとうございました。… 88 - ❷
メールをありがとうございました。…………… 91 - ❶

感想
ストーリー展開が早くて意外性があって、最後ま
　で目が離せませんでした。………………… 65 - ❷
最終回は、もう涙なしでは見られませんでした。　65 - ❸

232

●場面別表現索引●

今すぐにでもキョンミさんに会って、この気持ちを
　分かち合いたいぐらいです。……………… 65-❹

感動
感動しました。………………………………… 65-❶

希望・期待
どうか見つかってくれるよう切に願っております。
　……………………………………………… 79-❹
できれば韓国に関連のある仕事に就きたいです。・88-❸
近いうちに先生に良いニュースをお知らせしたい
　です。……………………………………… 88-❹

気持ち
みんなによろしく伝えて。…………………… 6-❹
楽しみだね！………………………………… 21-❹
きっと受かると思ってた。…………………… 22-❷
顔も見たくない。……………………………… 23-❷
しつこい！…………………………………… 23-❹
ものすごく私のタイプなの。………………… 26-❶
俺の分も楽しんで。…………………………… 34-❹
とても楽しかったって喜んでたね。………… 35-❷
まるで前からの友達みたいだったよ。……… 35-❹
とてもかわいい子供服ね。…………………… 36-❷
さっそく着せてみたら、うちの子にすごく似合っ
　てた。……………………………………… 36-❸
とてもうれしい知らせ。……………………… 38-❶
今日の午後までは確かにソウルにいたのに、今は
　もう東京の自宅だというのがなんだか不思議な
　感じです。………………………………… 40-❷
うまくいくように応援しているね。………… 43-❹
待ちに待った知らせを聞いて、飛び上がるくらい
　うれしい。………………………………… 50-❶
ゆっくり休んでね。…………………………… 50-❷
写真で見ると、あなたにそっくり。………… 50-❸
家族の皆が見守る中で静かにこの世を去ったことが
　せめてもの幸いです。…………………… 52-❹
せめて何か連絡くらいしてよ。……………… 56-❸
もう会いたくない。…………………………… 56-❹
ミナに初めて出会ったのが昨日のことのようなの
　にね。……………………………………… 58-❶
一目ぼれしたんだと思う。…………………… 58-❷
遠距離恋愛でつらいことも多かったよね。… 58-❸
ミナにふさわしいカッコいい人間になれるよう
　努力するよ。……………………………… 58-❹
あなたに出会ったことは、私の一生で一番の幸運
　でした。…………………………………… 59-❶
そのすべての瞬間のその胸のときめきを、私は全部、
　覚えています。…………………………… 59-❷
体は遠く離れているけれど、私の気持ちはいつも
　あなたに向かっています。……………… 59-❸

10年たっても、私たちの愛が変わらないように
　精一杯頑張りますね。…………………… 59-❹
ずっと何度も話をしようとしたんだけど、いざ君の
　顔を見ると言葉が出てこなくて機会を逃してしま
　った。……………………………………… 60-❶
こんな夜遅くに酒の力を借りて、手紙で伝える俺の
　気持ちを、どうか分かってほしい。…… 60-❷
どうか元気で、幸せになってくれ。………… 60-❹
今すぐにでもキョンミさんに会って、この気持ちを
　分かち合いたいぐらいです。…………… 65-❹
いつもユノさんのことを応援しています。… 66-❹

近況報告
スランプ。…………………………………… 18-❷
面白いドラマとかある？…………………… 18-❹
風邪ひいちゃった。…………………………… 24-❶
咳、鼻水が止まらなくて…。………………… 24-❸

近況を尋ねる
うまくいってる？…………………………… 18-❶
どうしたの？………………………………… 18-❸
忙しいの？…………………………………… 19-❶
どこか体調でも崩しているんじゃないかと思ってち
　ょっと心配。……………………………… 19-❷
そちらはどう？……………………………… 63-❶

計画・予定
直接、集まりの場所に向かうつもり。……… 33-❸
来月にでも行けるようにしたいと思っています。・39-❸
日程はすべて決まっていますか？………… 45-❶
以前のアドレスは、来週から使えなくなる予定です。
　……………………………………………… 61-❹
今年の9月から始まる貴校の3カ月の韓国語コース
　を受講する予定です。…………………… 69-❶
期間は3月1日から2カ月間です。………… 70-❶
旅行の日程がまた決まりましたら、セジン旅行社
　を通してまた予約をしたいと思っております。・82-❹
高麗出版社の方は、このような日程は大丈夫でしょ
　うか？……………………………………… 90-❷
もしこの時が駄目であれば、大丈夫な日時等をお
　知らせください。………………………… 90-❸
4月15日だけを除いて私どもはいつでも大丈夫
　です。……………………………………… 91-❹

断る
今は電話できないんだ。……………………… 9-❷
もう連絡してこないで。……………………… 23-❶
残念だけど、今回は参加できなさそう。…… 34-❷
残念ながら今回はお手伝いすることができません。
　……………………………………………… 46-❶
お力になることができなくて、すみません。…… 46-❷

233

誘う
土曜日に時間ある？ ……………………… 12 - ①
一緒に行かない？ ………………………… 13 - ①
遊びに来て。 ……………………………… 14 - ①
ランチに行ってみようよ。 ……………… 15 - ④
サプライズパーティーでもしない？ …… 21 - ④
一杯飲みに行こうか？ …………………… 22 - ④
みんなで盛り上がりましょう。 ………… 32 - ①
近くにお越しの際には、ぜひ一度お立ち寄りください。 …………………………………… 62 - ④

残念
みんなに会いたかったんだけど…。 …… 6 - ③
またお会いできるのを楽しみにしていたので、残念です。 ………………………………… 39 - ②
残念ながら今回はお手伝いすることができません。 ……………………………………… 46 - ①
ただただ残念で仕方がありません。 …… 52 - ③
お父様が亡くなられたとこのと、本当に残念です。 ……………………………………… 53 - ①

自己紹介
学生の佐々木奈々といいます。 ………… 66 - ①
ドラマを見て、ユノさんのファンになりました。 …………………………………… 66 - ②
直接会って話したくて、韓国語を勉強しています。 ……………………………………… 66 - ③
初級と中級の間です。 …………………… 67 - ①
期間は3月1日から2カ月間です。 ……… 70 - ①
法学を専攻していますが、韓国の文化にとても興味を持っています。 ………………… 70 - ②
韓国語は2年ほど勉強しましたが、独学でさほどうまくはありません。 ………………… 70 - ③
今回、チェ・ソニさんのお宅でホームステイをしながら韓国の家庭を直に感じ、韓国文化についてたくさん学びたいと思っています。 ……… 70 - ④

承諾
大丈夫だよ。 ……………………………… 7 - ①
よく分かりました。 ……………………… 45 - ②
日程と、泊まるホテルの名前を教えてもらえれば、私が何とかします。 ………………… 45 - ③

商品・サービスについて
私は確かにMサイズを注文したのですが、届いたのはSサイズです。 …………………… 85 - ②
商品を交換するか返品しなければならないと思うのですが、どうしたらいいでしょうか？ … 85 - ③
海外配送なので、配送方法や送料はどうなるのかお知らせくださいますようお願い申し上げます。 85 - ④
商品を交換したいです。 ………………… 86 - ①
もしかしたらお持ちの物の中に、濃いグレーや黒系統の暗い色で、あまり重たくない革のカバンはありませんでしょうか？ ……………… 86 - ②
ちょうどいい商品がなければ、返品手続きをお願いします。 …………………………………… 86 - ③
交換や払い戻しの場合、私が負担しなければならない費用があるのかもお知らせください。 86 - ④
日本からでも購入することはできますか？ 89 - ②
支払方法はどのようになりますでしょうか？ 89 - ③
インターネットでクレジットカード決済は可能ですか？ …………………………………… 89 - ④

心配
もしかしたら売り切れになっちゃうかもしれない。 3 - ②
やっぱり予約しておくべきだったかも。 … 3 - ③
無理しちゃだめだよ。 …………………… 7 - ③
どこか体調でも崩しているんじゃないかと思ってちょっと心配。 ……………………… 19 - ②
あまり無理し過ぎないでいてね。 ……… 19 - ③
熱はないの？ ……………………………… 24 - ②
お大事に。 ………………………………… 24 - ④
返信がないから少し心配になって。 …… 30 - ①
ただ忙しくて返信できないのならいいのだけど。 30 - ②
ちょっと心配になって、またメールしたの。 … 30 - ③
今はどうですか？ ………………………… 51 - ①
疲れがたまっていたみたいですね。 …… 51 - ②
ちゃんと病院に行ってくださいね。 …… 51 - ③
ゆっくり休んでくださいね。 …………… 51 - ④
ムンスさんとご家族の皆さんの安全がとても気掛かりです。 ………………………………… 54 - ②
状況が落ち着いたら、無事かどうか知らせてもらえたらうれしいです。 …………………… 54 - ③
どうか無事でありますように。 ………… 54 - ④
心配してくれてありがとう。 …………… 55 - ①

相談
もしそれがだめだったら、違う映画でも見ようか？ 3 - ④
何しようか？ ……………………………… 11 - ①
引っ越しの日に間に合わないかもしれない。 … 20 - ①
最近、一つ悩みがあります。 …………… 42 - ①
どうしたらいいと思う？ ………………… 42 - ②
日本と韓国は違うから、よく分からなくて。 … 42 - ③
オンニの意見を聞かせてもらえたらうれしいです。 ……………………………………… 42 - ④
そのドラマのロケ地について何か知りませんか？ 44 - ①
どこか良い所はありますか？ …………… 44 - ②
もし何か知っている情報があったら教えてもらえないでしょうか？ …………………… 44 - ③
今日は先生にご相談したいことがあって連絡いたしました。 ……………………………… 87 - ①
最近、授業の内容が難しすぎてついていくのがとても大変です。 ……………………… 87 - ②

●場面別表現索引●

なので、私としては3級クラスに移れればと思うの
　ですが、先生のお考えはいかがでしょうか？ … 87-❸
先生は私が4級クラスにいるのが適切だとお考え
　ですか？ ……………………………………… 87-❹
直接お会いしてごあいさつしなければならなかった
　のに、急いで帰ってきたためにごあいさつできま
　せんでした。 ………………………………… 88-❶

都合
土曜日に時間ある？ …………………………… 12-❶
いつ来れる？ …………………………………… 20-❹
都合のつかない方もいると思います。 ………… 32-❷
ほかの日がいい方は、早めに仰ってください。 … 32-❸
今週中に返信よろしくお願いします。 ………… 32-❹
その日は出張で地方にいるんだ。 ……………… 34-❶
残念だけど、今回は参加できなさそう。 ……… 34-❷
そのころオンニの都合はどうですか？ ………… 37-❸
迷惑でなかったら、オンニの都合を教えてください。
　…………………………………………………… 37-❹
授業は、会話を中心に勉強したいと思っています。
　…………………………………………………… 67-❷
平日は夕方6時以降、週末はいつでも大丈夫です。
　…………………………………………………… 67-❸
場所は新宿付近のカフェなどお願いできればと思
　います。 ……………………………………… 67-❹

提案
スカイプで話そう。 …………………………… 10-❷
思い切り遊び回ろうよ。 ……………………… 11-❷
私は温泉のある宿がいいなあ。 ………………… 11-❹
何か食べに行こうよ。 ………………………… 12-❸
ちょうど気になってるお店があるんだ。 ……… 12-❹
一緒に行かない？ ……………………………… 13-❶
遊びに来て。 …………………………………… 14-❶
何か持って行こうか？ ………………………… 14-❸
ちょうど良いお店、発見！ …………………… 15-❶
まだ行ってみてはないんだけど。 …………… 15-❷
一度サイトを見てみて、どうだったか教えて。… 15-❸
ランチに行ってみようよ。 …………………… 15-❹
手伝うから。 …………………………………… 19-❹
手伝おうか？ …………………………………… 20-❸
サプライズパーティーでもしない？ ………… 21-❶
もう一度だけチャンスをくれないか。 ……… 23-❸
もう一度送ろうか？ …………………………… 25-❸
思い切って告白してみたら？ ………………… 26-❹
今度、一緒にお茶でもしながらゆっくり話せたら
　いいですね。 ………………………………… 28-❹
会って、あれこれ近況を報告し合いたいですね。 … 29-❹
時間の大丈夫な時に、返信もらえたらうれしいです。
　…………………………………………………… 30-❹
みんなで盛り上がりましょう。 ……………… 32-❶

ほかの日がいい方は、早めに仰ってください。 … 32-❸
今度、日本に来たらうちの子に会いに遊びに来てね。
　…………………………………………………… 36-❹
もし忙しくなかったら、ぜひ会えたらと思います。
　…………………………………………………… 37-❶
何かしたいことがあるかも、考えておいてね。 … 38-❸
まずは共通の友達に頼んで一緒に会ってみるのは
　どう？ ………………………………………… 43-❸
韓国でよく使う情報サイトへのリンクを貼ってお
　きます。 ……………………………………… 46-❸
よかったらお2人で来てくれませんか？ ……… 47-❷
出席の可否を教えてもらえたらありがたいです。… 47-❸
お薦めしたいドラマがあってメールしました。… 64-❶
来月には、日本でも放送するようなので、ぜひ見て
　みてくださいね。 …………………………… 64-❸

問い合わせ
手続きはどうしたらいいでしょうか？ ……… 68-❷
レベル判定はどのように行うのでしょうか？ … 68-❸
クラスの内容と授業スタイル、1クラスの人数につ
　いても知りたく存じます。 ………………… 68-❹
今年の9月から始まる貴校の3カ月の韓国語コース
　を受講する予定です。 ……………………… 69-❶
宿泊先について知りたくて、ご連絡差し上げました。
　…………………………………………………… 69-❷
学生寮を希望します。 ………………………… 69-❸
ルームメイトは、韓国人でしょうか？ ……… 69-❹
ファンミーティングに参加したいです。 …… 71-❶
私は今、日本にいるのですが参加費はどのように
　して支払ったらいいのでしょうか？ ……… 71-❷
日本語の通訳はあるのでしょうか？ ………… 71-❸
今回のファンミーティングに絶対参加したいです。
　…………………………………………………… 71-❹
俳優シム・ハッキのファンクラブでイベントの担当
　をしているイ・ミンジョンと申します。 … 72-❶
ですがその後、石田育子様からの申込書や連絡がな
　く、確認メールをお送りしました。 ……… 72-❷
もしかしたらメールがちゃんと届いていないのかと
　心配でもありますし。 ……………………… 72-❸
申し訳ありませんが、メールをご確認いただきまし
　てご返信いただけましたら幸いです。 …… 72-❹
来る4月25日に実施される貴校の入試説明会に参
　加したいと思っております。 ……………… 73-❶
もし私が当日に準備して行かなければならない物が
　ございましたらお知らせください。 ……… 73-❷
どの駅が最寄りでしょうか？ ………………… 73-❸
学校の近くに、空港バスの停留所があるのかも知り
　たいです。 …………………………………… 73-❹
機会が得られるのであれば、私もぜひ参加してみた
　いプログラムです。 ………………………… 74-❶
ところで、一つ質問があります。 …………… 74-❷

235

基本的にこの行事は、何語で行われますでしょうか？
 ·· 74 - ❸
行事が英語で進行したり、日本語通訳がなければ参
 加することができそうもなく、心配です。 ······· 74 - ❹
ポジャギ作り体験の広告を見て連絡差し上げました。
 ·· 75 - ❶
私が今からでも申し込めるのかどうか知りたいです。
 ·· 75 - ❷
ぜひ一度自分の手で作ってみたいと思っていました。
 ·· 75 - ❸
私がポジャギを一度も作ってみたことがないのに
 レッスンに参加するのは難しくはないでしょう
 か？ ··· 75 - ❹
私がそちらの授業を聞こうとするのであれば、どの程
 度の韓国語の実力が必要なのか知りたいです。 ·· 76 - ❶
もし外国人のために開かれている別の授業があれば
 お教えください。 ································ 76 - ❷
入学許可証は、いつごろ受け取れますでしょうか？
 ·· 76 - ❸
ビザの発行に必要なため、早く受け取れればと思い
 ます。 ··· 76 - ❹
前回の連絡でお送りくださるとのことだったので
 お待ち申し上げているのですが、まだ届いておりま
 せん。··· 77 - ❶
時間があまりないため、できる限り早く入学許可証
 を受け取りたいのです。 ·························· 77 - ❷
お手数をお掛けしてしまいますが、発送されたかど
 うかご確認いただけましたら幸いです。 ········· 77 - ❸
もしすでに送ってくださったのであれば、発送済で
 あるとご連絡いただけましたらありがたいです。
 ·· 77 - ❹
国際交流センターの日本人職員募集の広告を見て、
 ご連絡差し上げました。 ························· 78 - ❶
韓国に来て３年ほどになりました。 ················· 78 - ❷
私は韓国語と韓国文化にとても興味があります。 78 - ❸
この度の貴団体の採用広告を見て、私が関心のある
 分野であり、自分の力を活かせる仕事であると思
 いまして、このように連絡差し上げました。 ···· 78 - ❹
私がどうやらデジタルカメラをホテルの部屋に忘れ
 てきたようなのです。 ···························· 79 - ❶
もしかしたら私のカメラが忘れ物として届けられて
 いないか、確認していただけますでしょうか？ 79 - ❷
韓国での楽しい思い出が詰まったカメラをなくして
 しまい、今とても困っており、どうしたらいいの
 か分かりません。 ································ 79 - ❸
来学期に修士課程に入学する者です。 ················ 80 - ❶
留学に必要な書類をお送りいたします。 ············ 80 - ❷
さらに必要な物がございましたらお知らせください。
 ·· 80 - ❸

原本を郵送にてお送りしなければならないのであれ
 ば、送り先の住所と担当者をお教えください
 ますようお願い申し上げます。 ·················· 80 - ❹
来月、友人と韓国旅行に行くのですが、宿泊先の予
 約をしたくて連絡差し上げました。 ·············· 81 - ❶
女性（大人）２名。 ····································· 81 - ❷
ソウルの明洞や東大門市場付近のビジネスホテルで、
 値段が高くない所。 ······························ 81 - ❸
ツイン、禁煙ルーム、朝食付き。 ···················· 81 - ❹
この度、急用ができてしまい、旅行に行くことが
 できなくなってしまいました。 ·················· 82 - ❶
お忙しい中、ホテルを探してくださるためにあれこ
 れとお気遣いいただいたのに、本当に申し訳あり
 ません。 ·· 82 - ❷
キャンセル料が発生する場合にはお支払いたします。
 ·· 82 - ❸
旅行の日程がまた決まりましたら、セジン旅行社を
 通してまた予約をしたいと思っております。 ···· 82 - ❹
出発の前に、もう一度予約を確認したく連絡差し上
 げました。 ·· 83 - ❶
予約がちゃんとされているかどうか、変更事項はな
 いかどうかご確認いただけましたら幸いです。 83 - ❷
金浦空港からホテルへ行く方法をお知らせいただけ
 ましたら助かります。 ···························· 83 - ❸
返信お待ちしております。 ···························· 83 - ❹
Ｍサイズのピンク色を１着買いたいです。 ········· 84 - ❶
海外配送は可能でしょうか？ ························· 84 - ❷
支払方法も、先払いなのか後払いなのか、カード決
 済は可能なのか教えてください。 ················ 84 - ❸
可能であれば、送料を含めてクレジットカードで支
 払いたいです。 ··································· 84 - ❹
ＥＭＳで韓服が無事に届きました。 ················· 85 - ❶
私は確かにＭサイズを注文したのですが、届いたの
 はＳサイズです。 ································· 85 - ❷
商品を交換するか返品しなければならないと思う
 のですが、どうしたらいいでしょうか？ ········· 85 - ❸
海外配送なので、配送方法や送料はどうなるのかお
 知らせくださいますようお願い申し上げます。 85 - ❹
商品を交換したいです。 ······························ 86 - ❶
もしかしたらお持ちの物の中に、濃いグレーや黒系
 統の暗い色で、あまり重くない革のカバンはあ
 りませんでしょうか？ ···························· 86 - ❷
ちょうどいい商品がなければ、返品手続きをお願い
 します。 ·· 86 - ❸
交換や払い戻しの場合、私が負担しなければならな
 い費用があるのかもお知らせください。 ········· 86 - ❹
ですが、私は外国人なので、どうすればチケットを
 購入することができるのか分かりません。 ······ 89 - ❶
日本からでも購入することはできますか？ ········· 89 - ❷
支払方法はどのようになりますでしょうか？ ······ 89 - ❸

●場面別表現索引●

インターネットでクレジットカード決済は可能です
　か？ .... 89 - ❹
貴出版社を訪問いたしたく存じます。 .... 90 - ❶
高麗出版社の方は、このような日程は大丈夫でし
　ょうか？ .... 90 - ❷
もしこの時が駄目であれば、大丈夫な日時等をお
　知らせください。 .... 90 - ❸
ご参照くださいますようお願い申し上げます。 .... 90 - ❹

同意
いいね！ .... 11 - ❸
それはいいアイデアだね。 .... 21 - ❷
めっちゃイケメン。 .... 26 - ❷
優しくもあるよね。 .... 26 - ❸

慰め・はげまし
お父様はいつも明るくお元気だっただけに、悲しみ
　もひとしおです。 .... 53 - ❷
謹んで故人のご冥福をお祈り申し上げます。 ...... 53 - ❸
お力をお落としのこととは存じますが、どうぞお気を
　強くお持ちになり、くれぐれもご自愛ください。
　... 53 - ❹

日常のこと
今週も頑張ったわ。 .... 27 - ❶
週末は何するの？ .... 27 - ❷
家でゴロゴロしようかなって思って。 .... 27 - ❸
楽しい週末を〜。 .... 27 - ❹
とても人気があって放送時間には外出している人が
　ほぼいないとニュースになるくらいだったんです
　よ。 .... 64 - ❷
今回初めてこのドラマに出演するということで大き
　な話題になりました。 .... 64 - ❸

話を切り出す
俺たち、もう別れよう。 .... 60 - ❸
お尋ねしたいことがあります。 .... 68 - ❶

久しぶりの連絡
ずいぶん会ってないけど、変わりない？ .... 10 - ❶
お久しぶりです。 .... 28 - ❶
私の方は、相変わらず元気です。 .... 28 - ❷
お元気ですよね？ .... 28 - ❸
相変わらず忙しそうですね。 .... 29 - ❶
会って、あれこれ近況を報告し合いたいですね。 .. 29 - ❹

返事
今度、また忙しくない時に時間を合わせて会おう。 .. 7 - ❷
何か美味しい物おごってくれるのかな？ .... 7 - ❹
私で答えられることかな？ .... 9 - ❶
今は電話できないんだ。 .... 9 - ❷

後で電話するね。 .... 9 - ❸
それまでちょっとだけ待ってて。 .... 9 - ❹
どうかしたの？ .... 12 - ❷
私もまだ行ったことない。 .... 13 - ❷
私も行く〜。 .... 14 - ❷
飲み物買って来てくれる？ .... 14 - ❹
その書類は長いの？ .... 16 - ❷
友達なのに水臭い。 .... 16 - ❸
まじで？ .... 20 - ❷
おかしいな。 .... 25 - ❷
ちょっと待ってて。 .... 25 - ❹
メールありがとうございます。 .... 29 - ❶
メール無事に受け取ったよ。 .... 31 - ❶
返事が遅くなってごめんね。 .... 31 - ❷
招待してくれてありがとう。 .... 33 - ❶
もちろん参加で！ .... 33 - ❷
とてもうれしい知らせ。 .... 38 - ❶
ホテルは取った？ .... 38 - ❷
メール読んだよ。 .... 43 - ❶
それでは、連絡待っていますね。 .... 45 - ❹
ほかにも分からないことがあったら、また連絡くだ
　さい。 .... 46 - ❹
もし出席できないとしても、大丈夫です。 ...... 47 - ❹
ご結婚、本当におめでとうございます。 .... 48 - ❶
お相手はどんな人ですか？ .... 48 - ❷
結婚式にはもちろん出席します。 .... 48 - ❸
今からとても楽しみにしています。 .... 48 - ❹
待ちに待った知らせを聞いて、飛び上がるくらいう
　れしい。 .... 50 - ❶
ゆっくり休んでね。 .... 50 - ❷
お父様はいつも明るくお元気だっただけに、悲しみ
　もひとしおです。 .... 53 - ❷
謹んで故人のご冥福をお祈り申し上げます。 ...... 53 - ❸
お力をお落としのこととは存じますが、どうぞお気を
　強くお持ちになり、くれぐれもご自愛ください。
　... 53 - ❹
状況が落ち着いたら、無事かどうか知らせてもらえ
　たらうれしいです。 .... 54 - ❸
家族もみんな無事だよ。 .... 55 - ❷
メールをありがとうございました。 .... 91 - ❶
4月15日だけを除いて私どもはいつでも大丈夫です。
　... 91 - ❷
富士出版社でご決定いただき、お知らせくださいま
　すようお願い申し上げます。 .... 91 - ❸
何かありましたらご連絡ください。 .... 91 - ❹

報告
15分くらいかかると思う。 .... 1 - ❸
あと30分はかかってしまいそう。 .... 2 - ❶
やっと着いた！ .... 4 - ❶
私はまだ降りたばっかり。 .... 4 - ❸

237

●場面別表現索引●

約束の時間より早く着いちゃった。	5-❷
駅の改札にいるね。	5-❸
合格！	22-❶
添付ファイルが開かないよ。	25-❶
転職しました。	29-❸
仕事で大きなトラブルがあり、今月中は旅行に出るのが難しそうなのです。	39-❶
無事、東京に帰ってきました。	40-❶
結婚します！	47-❶
ついに、赤ちゃんが生まれたよ！	49-❶
本当に大変だったけど、無事に産まれて本当に良かった。	49-❷
赤ちゃんはとても元気だよ。	49-❸
目元は私に似ていて、口元はパパに似ているみたい。	49-❹
永眠いたしました。	52-❶
息を引き取りました。	52-❷
ただただ残念で仕方がありません。	52-❸
大雪で交通網が麻痺して、大規模な停電が起こり地域が孤立していると言っていました。	54-❶
でも大雪のせいで車やほかの交通手段を使えない状況が続いているんだ。	55-❸
近所の人たちと助け合いながら、なんとか乗り切ろうと思う。	55-❹
メールアドレスを変更しました。	61-❶
お手数ですが、登録をお願いします。	61-❷
主人の仕事の都合で引っ越しました。	62-❶
新しい環境に少しずつ慣れてきているところです。	62-❷
家のそばに大きな公園があって、とても住みやすい環境です。	62-❸

待ち合わせ

遅れそう。	1-❶
電車に乗り損ねちゃった。	1-❷
15分くらいかかると思う。	1-❸
先にお店に入って待っててくれる？	1-❹
あと30分はかかってしまいそう。	2-❶
待ってるね。	2-❷
とりあえず、先に行ってて。	2-❸
なるべく早く行くから。	2-❹
チケットの列に並んでるね。	3-❶
やっと着いた！	4-❶
今どこにいる？	4-❷
私はまだ降りたばっかり。	4-❸
すぐに東口の改札に向かうね。	4-❹
用事が思ったよりも早く終わったよ。	5-❶
約束の時間より早く着いちゃった。	5-❷
駅の改札にいるね。	5-❸
慌てないでゆっくり来て。	5-❹
10時に家まで迎えに行くよ。	13-❸

10時に美術館で会おう。	13-❹

結び

それでは、連絡待っていますね。	45-❹
ご参照くださいますようお願い申し上げます。	90-❹
何かありましたらご連絡ください。	91-❹

メール

メールありがとうございます。	29-❶
メールアドレスを変更しました。	61-❶
お手数ですが、登録をお願いします。	61-❷
迷惑メールが増えてしまったので、変更することにしました。	61-❸
以前のアドレスは、来週から使えなくなる予定です。	61-❹

約束

約束守れなさそうなの。	6-❶
ドタキャンしてごめん。	6-❷
後で電話するね。	9-❸
10時に家まで迎えに行くよ。	13-❸
10時に美術館で会おう。	13-❹
まだ秘密だよ。	21-❸
またちょくちょく連絡するね。	31-❹
できるだけ早く行くから。	33-❹
日程が決まったら教えてね。	38-❸
日程が確定したら、また連絡します。	39-❹

用件を切り出す

お知らせたいことがあってメールしました。	37-❶
今どこ？	56-❶

理由

電車に乗り損ねちゃった。	1-❷
今すぐ確認したい事があって。	8-❷
メールよりは電話の方が早そうなんだけど。	8-❸
息つく暇もなかったんだ。	31-❸
仕事で大きなトラブルがあり、今月中は旅行に出るのが難しそうなのです。	39-❶
どうして来なかったの？	56-❷
それで連絡もできなかったんだ。	57-❷
迷惑メールが増えてしまったので、変更することにしました。	61-❸

■著者紹介

山崎 玲美奈（やまざき　れみな）
早稲田大学、和洋女子大学、フェリス女学院大学非常勤講師。
東京外国語大学大学院博士前期課程修了（言語学）。専門は、韓国語学。翻訳や通訳にも従事。
著書に『だいたいで楽しい韓国語入門 使える文法』（三修社）、『はじめてのハングル能力検定試験３級』（アルク）、『速読速聴・韓国語 読んで覚えて話せる単語』（Ｚ会）などがある。

河 承賢 (ハ　スンヒョン)
韓国で、日韓国際交流関係業務、通訳、翻訳、日本人向け韓国語教育に従事。
北海道東川町地域交流促進アドバイザー。
ソウル出身・ソウル在住。成均館大学国家戦略大学院政治学修士（外交安保専攻）。
日本語能力試験１級取得。駐大韓民国日本国大使館公報文化院日本語講座研究コース卒業。
外国人のための韓国語教員資格２級取得。

手紙・メールの韓国語

2016年5月20日　第1刷発行

著　　者　　山崎玲美奈・河 承賢
発 行 者　　前田俊秀
発 行 所　　株式会社 三修社
　　　　　　〒150-0001　東京都渋谷区神宮前 2-2-22
　　　　　　TEL03-3405-4511　FAX03-3405-4522
　　　　　　http://www.sanshusha.co.jp
　　　　　　振替 00190-9-72758
　　　　　　編集担当　安田美佳子
印　　刷　　壮光舎印刷株式会社

©Remina Yamazaki, Ha, Seunghyun 2016
ISBN978-4-384-05675-4 C1087

[R] ＜日本複製権センター委託出版物＞
本書を無断で複写複製（コピー）することは、著作権法上の例外を除き、禁じられています。本書をコピーされる場合は、事前に日本複製権センター（JRRC）の許諾を受けてください。
JRRC http://www.jrrc.or.jp
e-mail：jrrc_info@jrrc.or.jp
電話：03-3401-2382

本文デザイン：スペースワイ
カバーデザイン：土橋公政